Michelangelo

Série Biografias **L&PM** Pocket:

Átila – Eric Deschodt
Balzac – François Taillandier
Freud – René Major e Chantal Talagrand
Gandhi – Christine Jordis
Júlio César – Joël Schmidt
Kafka – Gérard-Georges Lemaire
Kerouac – Yves Buin
Luís XVI – Bernard Vincent
Michelangelo – Nadine Sautel
Modigliani – Christian Parisot
Picasso – Gilles Plazy
Shakespeare – Claude Mourthé

Nadine Sautel

Michelangelo

Tradução de Rejane Janowitzer

www.lpm.com.br

L&PM POCKET

Coleção **L&PM** Pocket, vol. 753
Série Biografias/12

Título original: *Michel-Ange*

Primeira edição na Coleção **L&PM** POCKET: fevereiro de 2009

Tradução: Rejane Janowitzer
Capa: Projeto gráfico – Editora Gallimard
Ilustrações da capa: Giuliano Bugiardini, Michelangelo com um turbante (detalhe). Casa Buonarroti, Florença. © AKG-Images. Michelangelo, A criação de Adão (detalhe). Palais du Vatican, Roma. © Brigdeman Giraudon.
Revisão: Larissa Roso e Elisângela Rosa dos Santos

CIP-Brasil. Catalogação-na-Fonte
Sindicato Nacional dos Editores de Livros, RJ

S275m   Sautel, Nadine
          Michelangelo / Nadine Sautel; tradução de Rejane Janowitzer.
     – Porto Alegre, RS: L&PM, 2009.
          160p. – (L&PM Pocket, v.753)

          Tradução de: *Michel-Ange*
          Inclui bibliografia
          ISBN 978-85-254-1730-5

          1. Michelangelo Buonarroti, 1475-1564. 2. Artistas-Itália-Biografia.
I. Título. II. Série.

07-4651.   CDD: 927.0945
                             CDU: 929:7.034(450)

© Éditions Gallimard 2005

Todos os direitos desta edição reservados a L&PM Editores
Rua Comendador Coruja, 314, loja 9 – Floresta – 90220-180
Porto Alegre – RS – Brasil / Fone: 51.3225.5777 – Fax: 51.3221-5380

Pedidos & Depto. comercial: vendas@lpm.com.br
Fale conosco: info@lpm.com.br
www.lpm.com.br

Impresso no Brasil
Verão de 2009

Sumário

Acasos ou sinais / 7
A magia dos Jardins Medici / 12
Dormir com os olhos abertos / 24
A "luz sobre a praça" / 47
O tempo e o mármore / 59
A serviço do Papa Soldado / 72
O sonho e a realidade / 84
O enigma da Capela Sistina / 88
"Uma imagem do coração" / 104
A maldição dos túmulos / 119
Inferno e ressurreição / 133
O "corpo" da arquitetura / 148

ANEXOS
    Cronologia / 153
    Obras de Michelangelo / 156
    Notas Bibliográficas / 159
    Sobre o autor / 160

Acasos ou sinais

Michelangelo Buonarroti, conhecido como Michelangelo, nasce no dia 6 de março de 1475 em um cenário de lenda: um castelo em ruínas do Casentino (Toscana), encarapitado sobre uma crista rochosa recoberta de mato ralo, onde o burgo de Chiusi parece fazer parte da pedra. Abaixo, em uma garganta escura corre um fio de água, o Tibre, que segue seu curso em direção a Roma. Exatamente ao pé do castelo, o Arno, indissociável de Florença, tem sua nascente.

Curioso acaso: Michelangelo vê, pois, o dia na divisão das duas colinas que sua vida seguirá, entre as duas cidades que lhe deverão em grande parte seu renome artístico. Um fato pouco previsível, dado que seu pai, Lodovico di Leonardo Buonarroti Simoni, fidalgo florentino imbuído de sua posição social a despeito dos revezes de fortuna, condescende pela primeira vez em trabalhar. Com efeito, ele acaba de deixar Florença para ocupar, a uma centena de quilômetros dali, a função de prefeito das cidades de Chiusi e Caprese.

Da mãe, Francesca di Neri di Miniato del Sera, que casa prematuramente e que morre esgotada pelas gestações no ano em que Michelangelo faz seis anos, deixando cinco filhos (o mais velho, Lionardo, será monge, e assim Michelangelo se tornará o chefe da família), ele nunca fará menção na volumosa correspondência que o escultor manterá com o pai e com os irmãos. Michelangelo chegou de fato a conhecê-la? Mais um acaso: foi uma esposa e filha de talhador de pedra, em Settignano, que Lodovico escolheu para ama-de-leite do menino. Educado na casa do casal, de sobrenome Topolino, ele aprende a manejar a massa e o cinzel antes de saber ler e escrever.

Michelangelo só retorna à casa paterna com a idade de dez anos. Seu pai, casado de novo, começa a se preocupar com a educação de um filho que decididamente se parece demais com um camponês: nas maneiras, mas sobretudo no linguajar. Quatro anos mais tarde do que é o costume entre os ricos florentinos, a criança entra na escola. Michelangelo, em sua correspondência, transmitirá a idéia de que ele era – Verdi fará a mesma coisa – avesso a qualquer escolaridade. Mas, ao contrário, parece que ele alcançou e ultrapassou de longe as crianças de sua idade (sua obra mostra uma excelente cultura, veiculada à época em latim).

Mais um outro acaso: seu encontro com Francesco Granacci, aprendiz de Domênico Ghirlandaio, aluno de Donatello, pintor e escultor de grande renome em Florença. Um menino se exercitando em "modelo vivo" através das cenas de rua poderia passar despercebido para um pintor de dezenove anos educado desde a infância na "escola do olhar"? Seguramente não, quando se tem o dom do lápis de um Michelangelo... Nesse caso, mais uma vez, em suas cartas, a realidade dá passagem à imaginação, como se o autor dos *Sonetos*, notável escritor de cartas, resvalasse em romancista.

Granacci persuade Michelangelo a trocar a escola pelo ateliê de Ghirlandaio. Um projeto escandaloso para Lodovico Buonarroti, déspota familiar sensível exclusivamente às virtudes do dinheiro e da linhagem, que só emancipará* o filho com a idade de 33 anos.

Os dois biógrafos de Michelangelo, seus amigos e alunos Ascanio Condivi e Giorgio Vasari, concordam no que diz respeito aos maus-tratos de que Michelangelo é então objeto: "Ele era malvisto tanto pelo pai quanto pelos irmãos de seu pai, que odiavam aquela arte e com freqüência o surravam cruelmente. Em sua ignorância da excelência e da nobreza da Arte, parecia-lhes uma vergonha que ela entrasse na casa deles."

*

A inflexível vontade de Michelangelo valerá o respeito de reis, cardeais, papas (o irascível Júlio II por pouco não lhe

---

* A maioridade legal estava ainda submetida à arbitrariedade do chefe da família.

quebrará as costas em cima do andaime da Capela Sistina). Ela se revela no enfrentamento familiar, e sua obstinação vai triunfar no ano em que completa treze anos. Em 1º de abril de 1488, com a concordância paterna, ele entra no serviço de Ghirlandaio por três anos mediante uma pensão de 24 florins.

Há aí um mistério: na época, o operário de um ateliê nunca era pago, sobretudo no primeiro ano... Michelangelo era precocemente reputado por obras cujo rastro se perdeu (por seu estilo e pela singularidade de seus anjos desprovidos de asas, a *Madona de Manchester*, pintada *a tempera** por volta de 1485-1490, com freqüência lhe é atribuída...).

Não se pode mais falar de acaso, mas sim de sorte, e de sorte merecida: a de freqüentar o melhor ateliê da capital da república florentina, então comparada com razão por seus contemporâneos à Atenas da Grécia antiga. Em Lorenzo de Medici, digno descendente de uma família que reina há quatro gerações, os florentinos do final do *Quattrocento* saúdam o novo Péricles. Na aurora da civilização, houve o helenismo; nos séculos XV e XVI, a "renovação do saber", que será chamada de Renascimento.

Na Itália constituída de um mosaico de pequenos Estados (quatorze, no nascimento de Michelangelo, dentre os quais o reino de Nápoles no Sul, os Estados pontificais no centro e a imensa república de Veneza no Norte), o sentimento de pertencimento à cidade é mais forte de que o elo que une ao país. A ponto de um artista freqüentemente ter o nome de sua cidade (Pietro Vannucci, *de Perugia*, é o Perugino; Leonardo *da Vinci*...). Ora, Florença é não somente um centro intelectual e artístico sem precedentes, como também um lugar estratégico, eqüidistante de Roma e de Veneza. Ponto

---

* Pintura realizada por volta dos séculos XII e XIII pelos pintores "primitivos". Ao óleo da cera mistura-se ovo batido e, às vezes, giz de cor. A técnica *a tempera*, praticada sobre madeira, foi novamente valorizada por alguns pintores do século XX, como Leonor Fini. Sua prática é muito difícil, porque o material seca quase instantaneamente.

de convergência da indústria têxtil européia por intermédio do golfo de Gênova, ela desenvolveu um poderio financeiro com o qual até o sumo pontífice conta.

Michelangelo chama a atenção para tais aspectos em muitos dos seus escritos, sustentando que Florença é mais refinada que as outras cidades italianas; ou ainda recorrendo a estas injunções: "Que nossa linhagem não morra... sustentar nossa linhagem... *la nostra gente*". Em Florença, a abastança material não se traduz mais pela esperança num hipotético paraíso. Supõe-se que a expansão do bem-estar segundo o modelo da Grécia ou da Roma antigas seja sustentada pela unidade das diferentes religiões revelada pela Cabala* hebraica e por uma interpretação particular dos escritos platônicos. Pontualmente, o Vaticano, ele mesmo grande consumidor de bens deste mundo, denuncia o cisma...

Da arquitetura à filosofia, o renascimento da Antigüidade é inseparável do nome dos Medici. Não se pode, pois, imaginar sorte superior à de Michelangelo: ter sido notado, como veremos mais adiante, por Lorenzo de Medici, dito o Magnífico, e ter sido educado com seus filhos em sua própria residência!

*

Quem é Lorenzo de Medici? Bisneto de um rico banqueiro eleito, no início do século XIV, *gonfaloniere* ("porta-estandarte"), a mais alta função da magistratura), neto de Cosimo, o Antigo, personagem extraordinário que se tornou o mais forte investidor financeiro não somente de Florença, mas do mundo. Eminência parda do governo, o "Antigo" era tão popular quando morreu, em 1464, que foi gravado na sua tumba: *Pater Patriae* (pai da pátria). Apaixonado por arte e arquitetura, fez de seu palácio, construído segundo os

---

* Do hebreu "receber". A Cabala seria uma parte mantida secreta do saber revelado, segundo a Bíblia, por Deus a Moisés no Monte Sinai ("Tábuas da Lei"). Esse saber foi transmitido (tanto de modo oral quanto escrito) por alguns iniciados.

projetos de Michelozzo, um verdadeiro museu. Lá estavam expostas obras dos maiores pintores e escultores de Florença, além de uma coleção de manuscritos antigos inestimáveis, notadamente os de Platão, até então quase desconhecidos. Sua paixão pelo filósofo o conduziu a exercer um mecenato junto aos mais reputados humanistas. Fundou com eles a Academia Platônica, marco espiritual da Renascença européia.

Piero, o Gotoso, filho de Cosimo, porá um freio nas despesas que comprometem a fortuna familiar (o que não o impede de encomendar a Benozzo Gozzoli o admirável afresco do *Cortejo dos reis magos* da capela do palácio Medici). Ele sobreviveu apenas cinco anos ao pai. Em dezembro de 1469, seu filho Lorenzo, dito Lorenzo, o Magnífico, que mal completara vinte anos, foi eleito em meio ao entusiasmo. Começa então a época "lourenciana", unanimamente saudada como a mais brilhante da Renascença florentina. Herança de três gerações de cultura e de criação, ela é o humus no qual se desenvolverão os gigantes: Botticelli; Leonardo da Vinci, o homem universal de quem Michelangelo se consumirá de inveja e que lhe devolverá o cêntuplo; e Michelangelo, divino entre os divinos.

A magia dos Jardins Medici

Como todos os pintores da época, Ghirlandaio dispõe de um ateliê. Deixa seus aprendizes completar as partes julgadas secundárias de uma encomenda da qual ele executou o desenho e pintou o essencial. Essa prática permite aos alunos aprimorar-se muito depressa e num alto nível. Em 1488, quando Michelangelo entra em seu serviço, Ghirlandaio recebe de Giovanni Tornabuoni, tio materno de Lorenzo de Medici (e diretor da filial romana de seu banco), a encomenda que consagra seu renome: uma série de afrescos narrando a vida da Virgem e de São João Batista para o coro da Igreja de Santa Maria Novella. Com menos de quatorze anos, Michelangelo participa da realização de uma obra-prima. Retém na memória a importância de seu desenho: ao mesmo tempo firme e fluido, é ele que sugere o movimento do corpo e as perturbações da alma.

Desde logo, Michelangelo revela-se dotado de um espírito sarcástico e particularmente indócil. Vasari conta que um dia, aproveitando-se da ausência de Ghirlandaio, em vez de seguir o croqui da Santa Maria Novella, o adolescente representou com uns poucos traços seus condiscípulos desenhando em cima do andaime. "Domênico, ao retornar e ao ver o desenho de Michelangelo, exclamara: 'Este aqui entende mais do assunto do que eu!'". Ele observa também que, "para executar algumas formas estranhas de diabos, comprava peixes com escamas de cores esquisitas; e, nessa obra, ele mostrou ter tanto talento que ganhou fama e crédito. Ainda copiou desenhos de diferentes mestres antigos com tamanha exatidão que as pessoas se confundiam".

Em sua *Vida de Michelangelo*, Condivi dá a entender que Ghirlandaio nutriu por seu aluno um despeito crescente, a ponto de este último ir embora antes dos três anos previstos, em 1489, quando ainda tinha quatorze anos, aliviadíssimo. A se crer em Vasari, os acontecimentos teriam se desenrolado como essas histórias maravilhosas que ainda são contadas séculos depois, à noite, em reuniões sociais... Eis aqui...

*

Um dia, um príncipe chamado Lorenzo, o Magnífico, devido à sua grande bondade, nomeou o escultor Bertoldo conservador do jardim da praça San Marco, onde estava reunida uma coleção de obras de arte (estátuas, monumentos antigos, quadros, moedas, pedras preciosas) única no mundo. O título de "conservador" atendia a uma dupla ambição do príncipe: confiar sua coleção a um *expert* capaz de restaurar qualquer obra e criar nos jardins uma escola de escultura (a prática parecia estar se perdendo em Florença).

O Magnífico enviou, pois, um mensageiro a Domênico Ghirlandaio:

– Você teria no seu ateliê jovens artistas de talento para honrar a nova escola do mestre Bertoldo?

Que idade tinha o velho Bertoldo? Parecia aos florentinos terem sempre conhecido o homenzinho de finos cabelos brancos e olhar límpido, cujas brincadeiras, enunciadas a meia-voz, eram tão picantes quanto as receitas de cozinha que ele consignava em um grande livro citado por qualquer um, da palhoça ao palácio.

Não mais praticar a arte de bem acomodar os pratos, era o grande desgosto de Bertoldo quando o Magnífico mandou buscá-lo no hospital Santo Spirito, onde se cochichava que estaria vivendo suas últimas horas. Segundo os rumores, ele teria saltado da enxerga inteiramente revigorado por não ter que deixar este mundo sem transmitir a jovens de excelente natureza os segredos da idade de ouro da escultura.

Bertoldo, o Simples, fora realmente o aluno predileto do grande Donatello, até sua morte em 1466. Que sorte ter vivido em familiaridade com um mestre desses! Não somente Donatello realizara, com seu *David*, o primeiro nu "tridimensional" (em volta do qual se pode andar) da Renascença* e, com *Gattamelata,* o primeiro monumento

---

* O nu era até então o privilégio dos baixos-relevos.

eqüestre em bronze desde a Antigüidade, como introduzira na Itália a técnica muito difícil do *stiaccato* ("relevo esmagado", em italiano), relevo achatado, no qual a perspectiva permite o escalonamento dos planos sem que seja necessário cavar muito a pedra.

A reputação de Bertoldo em relação à escultura em bronze se estendia por toda a Itália. Mas o que tinha inventado? Naquele momento, seu braço estava cansado, seus dedos rígidos... Com um prazer que fazia afluir sangue novo ao seu rosto, ele acolheu a sorte inesperada de poder fundir não mais o bronze, mas sim talentos excepcionais, no molde com o qual comparava sem dificuldade a aprendizagem. Encontraria entre seus alunos o gênio que saberia ultrapassar todos os modelos e ter sucesso no que ele próprio dizia humildemente ter fracassado? Donatello tinha alguma vez sentido por seu mestre Ghiberti aquela adoração que havia atirado seu discípulo no indigno lugar dos bons copistas?

Como quem segura a mão das crianças que terá de saber largar mais tarde, Bertoldo modelaria com palavras os gestos desajeitados de seus aprendizes, orientando-os no domínio do *fusain**, da argila e da cera, indispensável, segundo ele, para o trabalho da pedra**.

Enquanto Bertoldo retomava a vida se envolvendo em mil projetos entre sarcófagos e cupidos no frio cortante dos finais de inverno florentinos, Ghirlandaio, do outro lado da cidade, escolhia os que valorizariam seu próprio ensinamento aos olhos do Magnífico. Os primeiros escolhidos foram o feiozinho (orelhas descoladas, olhos encovados, cabelos desgrenhados... segundo suas próprias palavras) batizado de Michelangelo, de quem se livrava ao mesmo tempo dos sarcasmos, e o belo Francesco Granacci, gigante louro que se transformara numa espécie de seu anjo da guarda – para o melhor e para o pior.

Ao menos no momento, o melhor se anunciava: um

---

* Carvão vegetal, feito dos ramos do arbusto evônimo, que serve para desenhar. (N.T.)

** Michelangelo se rebelou muito claramente contra tal imposição.

convite para os jardins do príncipe. Quando Michelangelo e Granacci transpuseram as pesadas grades, Bertoldo já voltara para seus aposentos. Perdido no meio das antigüidades, os dois terminaram descobrindo um rapaz acocorado num canto. Ocupado em moldar uma estátua na terra, ele aguardava manifestamente os visitantes. Pulou de pé na mesma hora com uma desenvoltura animal e se apresentou com uma voz estentórea, numa pose digna de um ator:

– Pietro Torrigiano, da família dos Torrigiani!

O trabalho na terra não havia desalinhado nem um pouco a ordem de seus cabelos perfumados com esmero nem manchado sua camisa de seda de um verde espalhafatoso. Michelangelo compararia mais tarde o bonitão com um soldado: hábil executante, bom colega, mas de fala exagerada e pronto para a briga.

Sorriso para lá, sorriso para cá, Michelangelo, excitado pela competição, moldou diversas estátuas em um minuto, para a surpresa maravilhada de Lorenzo, o Magnífico, cuja presença ele não chegara a perceber, ofuscado como ficara pela eloqüência de Torrigiano. O Magnífico parecia talhado na pedra que o cercava: seu grande manto escuro deixava perceber um corpo acostumado ao exercício. Com quarenta anos, ele era ainda considerado o melhor cavaleiro de Florença e o dançarino mais gracioso, o que não o impedia de ser um leitor insaciável dos manuscritos gregos e latinos reunidos por ele numa imensa biblioteca aberta a todos, que chegava a lembrar a de Alexandria.

Como o príncipe era feio! Como dar conta da aura que, para quem ousasse encará-lo, dava vontade de cair de joelhos? Tinha o queixo largo e o nariz achatado, o lábio avançava no meio de duas rugas profundas, os cabelos pretos e bastos pareciam talhados a golpes de podadeira e eram perpendiculares ao colarinho plissado, afundando as sobrancelhas e destacando os olhos imensos e escuros, prodigiosamente inteligentes.

Sentindo a aprovação do fidalgo, Michelangelo apanhou a tesoura e ousou atacar um pequeno bloco de mármore jogado por ali. Talhou uma cabeça de fauno "à antiga", tão bem-feita que Medici, que era avaro em cumprimentos, murmurou: "Puro gênio!". O pequeno escultor não se contentara em imitar. Por fantasia, torcera a boca do sátiro, descobrindo sua língua e seus dentes!

Lorenzo, o Magnífico, passou o braço por cima dos ombros do adolescente cujo coração batia desordenadamente e brincou delicadamente, como era seu hábito:

– Você deveria saber que os velhos não têm todos os dentes!

Deu as costas imediatamente, lembrando-se de que o diretor do seu banco romano o aguardava para uma audiência... Então Michelangelo quebrou um dente do seu fauno e lhe cortou a gengiva.

*

O príncipe, siderado por aquela personalidade fora do comum, só falava dele. Decidiu mantê-lo sob seu teto e mandou, portanto, dizer a Lodovico que desejava tratar o filho dele como um dos seus. Ofereceu-lhe um quarto no palácio e convidou-o para compartilhar as refeições com os próprios filhos e os dignitários de sua corte.

O pequeno escultor ficou no palácio quatro anos, até a morte de seu protetor, em 1492. Durante todo esse tempo, o Magnífico concedeu uma pensão mensal de cinco ducados a Lodovico, nomeado oficial de alfândega. Nos dias de festa, Michelangelo exibia orgulhosamente um magnífico casaco violeta, presente do mecenas.

Onde terminam os fatos, onde começa a ficção, quando o biógrafo, como o escritor de cartas, "faz literatura"?

Algumas reservas devem ser acrescentadas, apesar de tudo, à composição escrita por Vasari:

O minúsculo Jardim de San Marco, perto do Monastério San Marco, tornou-se, a partir de Cosimo, o Antigo, uma espécie de museu de antigüidades a céu aberto onde, no mínimo, seria difícil criar uma escola de escultura. Foi, aliás, dentro da Igreja de Santa Maria del Carmine, onde Bertoldo mandava seus alunos copiar afrescos de Masaccio, que o jovem Torrigiano mencionado antes, enlouquecido de ciúme, amassou o rosto de Michelangelo com um soco que em nada evocava um fidalgo: "Eu fechei o punho – relatou ao pintor Benvenuto Cellini – e esmurrei o nariz dele com tanta violência que senti os ossos e as cartilagens se desmanchando como um biscoitinho. E assim eu o marquei para o resto da vida."

O empobrecimento da escultura deplorado por Lorenzo de Medici é uma evidência (a descendência de Ghiberti, esgotada depois de Donatello e Verrocchio), mas parece ter deixado inteiramente indiferente o pai de Michelangelo, que, segundo Condivi, acolheu extremamente mal a demanda do Magnífico:

> Michelangelo estava de volta, pois, à casa de sua família, e, uma vez transmitido o pedido formal do Magnífico, o pai, que se perguntava por que o teriam convocado, só se deixou convencer depois de muita insistência da parte de Granacci e de outros de que o filho devia ir para lá. Queixava-se, dizendo que o filho fora desviado da verdadeira vida e, manifestando uma firmeza fora de propósito, afirmava que nunca permitiria que o filho fosse talhador de pedra. Granacci não conseguia fazê-lo compreender a diferença que havia entre um escultor e um talhador de pedra, e ficaram discutindo durante muito tempo.[1]*

Quem teria ousado dizer não ao príncipe? Por uma vez Lodovico, impertinente *pater familias*, provará que tem coragem:
– Só estamos aceitando a proposição de Vossa Senhoria porque Michelangelo e todos nós estamos ao dispor de Vossa Magnificência em corpo e bens!

*

---

* As notas bibliográficas, numeradas, estão agrupadas ao final do livro na página 159.

Dono oculto de Florença, Lorenzo de Medici não ocupa nenhuma função oficial. Não deve o apelido nem ao fausto de seu padrão de vida, mesmo que incomparável, nem à extensão de seu poder. Homem de temperamento forte, ao mesmo tempo ponderado e dotado de uma enorme capacidade de decisão, não só é admirado como também respeitado pelos florentinos. Paradoxo vivo, aliando à fria inteligência do ato de governar uma cultura pouco comum e uma sensibilidade de artista (seus poemas são muito apreciados pelos contemporâneos), ele prodigaliza, sob uma aparência de alegria transbordante, tesouros de diplomacia para manter a paz na Itália. A Florença lourenciana é um teatro único, no qual Michelangelo vai viver durante quatro anos, em meio ao turbilhão das festas populares e à austeridade das discussões filosóficas da Academia Platônica fundada no tempo de Cosimo, o Antigo, pelo filósofo Marsilo Ficin.

Marsilo Ficin foi o mais eminente protegido de Cosimo, o Antigo. Aos 57 anos, esse homem minúsculo tem o rosto marcado por rugas profundas devidas, ao que parece, às enxaquecas recorrentes e às noites sem sono "traduzindo tudo": a integralidade dos diálogos platônicos, a obra de Aristóteles, de Confúcio, Zoroastro, os filósofos egípcios... inclusive os quatorze volumes do *Pimandre**, obra preciosa de Hermes Trimegiste, precursor de Platão.

Formado em medicina pelo pai, escritor de grande renome, introdutor da tipografia em Florença, Marsilo Ficin tornou-se, ainda em vida, um verdadeiro mito: pois não dorme com a pena na mão, encolhido dentro da camisola? Não usa sempre o mesmo gibão bordado que terminou parecido com as botas gastas que lhe descem sobre os tornozelos?

Os aforismos do filósofo vão alimentar as fogueiras da Inquisição. Como ousar proclamar que o homem, feito à imagem de Deus, é seu próprio criador ("os olhos do mundo", "o riso do céu")?

---

* Livro sagrado que remonta a milhares de anos, inicia o saber esotérico da Cabala e postula um fundo comum a todas as religiões. A existência do *Pimandre* é atestada pela tradição judaica e por Santo Agostinho.

Na Academia, cruza-se também com Cristoforo Landino, antigo preceptor de Piero, o Gotoso, pai de Lorenzo de Medici, e do próprio Lorenzo. Com setenta anos, esse ancião de rara distinção, por muito tempo secretário da Signoria, é conhecido em toda a Itália por seus comentários sobre a primeira edição da *A divina comédia* impressa em Florença. É apelidado de o "outro Dante". Seu grande projeto: fazer da *volgare* (a língua italiana, considerada um patoá ou uma gíria) uma língua nobre que suplantará o latim, língua cultural imposta pelo Vaticano. Landino ofendeu a norma em suas traduções italianas de Plínio, Horácio e Virgílio, tornadas uma verdadeira questão política e religiosa.

No grupo platônico, o apelido dispensa explicação: o jovem conde Pico Della Mirandola (tem apenas 26 anos) é o "homem que sabe tudo". Da Europa inteira vem gente pedir conselho a esse eleito dos deuses que alia a seus cachos louros e à sua silhueta graciosa de anjo botticelliano uma cultura quase inconcebível: dentro do "palácio de sua memória", ele abriga mais de vinte línguas vivas ou mortas (inclusive, provavelmente, a língua cifrada com que se comunicava segundo os cabalistas) e todas as obras que elas comportam quase no nível da vírgula. Em 1487, suas novecentas *Conclusões filosóficas*, que visavam a reconciliar todas as religiões, foram condenadas por serem hereges pelo papa Inocêncio VIII e queimadas publicamente em Roma. Cochicha-se que ele teve tempo, antes de fugir do Vaticano graças à alta proteção do Magnífico, de mandar imprimir alguns exemplares, que passaram a circular debaixo de casacos.

Quem reconheceria Politiano, o poeta das *Stances* (o poema mais reputado desde Petrarca, celebrando o irmão mais novo de Lorenzo, Giuliano, assassinado pelos Pazzi*), naquele comprido jovem de 36 anos de rosto redondo e tez clara? É tido como tão feio que, a seu lado, Lorenzo parece bonito. Da manhã até a noite é visto correndo pelo palácio, desajeitado e ruborizado, perseguido pelos sete filhos de Lorenzo

---

* A conjuração dos Pazzi (1478), fomentada pela família florentina rival dos Medici, era apoiada pelo papa Sisto IV.

de cuja educação é o encarregado. Esse latinista e helenista sem igual começou a publicar aos dez anos de idade e tem verdadeiro horror ao aprendizado com sofrimento associado à idéia de religião. Preocupado em nunca separar o estudo da brincadeira, ele se tornará o preceptor de Michelangelo.

A influência de Politiano é essencial na obra do artista, que freqüentemente dará ao sagrado um caráter de festa, até mesmo de orgia (*A embriaguez de Noé*, no teto da Capela Sistina, centrada sobre um sexo em ereção), como se ele tivesse um maligno prazer em subverter o texto bíblico.

*

A assembléia tem um ar de heresia, mas mesmo assim vai engendrar dois papas que influenciarão profundamente o destino de Michelangelo:

Giovanni, filho mais novo de Lorenzo, tem apenas oito meses menos do que ele e um espírito que ocupa o lugar da beleza. Apesar de as más línguas pretenderem que sua inteligência favoreça exclusivamente sua preguiça, o Magnífico conforma-se sorrindo, argumentando tratar-se de uma virtude diplomática. O destino de Giovanni já está todo traçado, ele deve confirmar, por intermédio da mais alta dignidade espiritual, a autoridade financeira dos Medici: será papa. Prometem-lhe desde já o cardinalato, que ele alcançará aos dezesseis anos, exatamente antes da morte de seu pai. Lorenzo anota orgulhosamente na margem da última carta recebida de seu Giovanni, a caminho de Roma, onde lhe serão entregues as insígnias de sua função: "Carta de meu filho, o Cardeal".

Vinte anos mais tarde, em 1512, o mais caro desejo do Magnífico se realizará: o Sacro Colégio, reunido durante seis dias dentro da abafada Capela Sistina, elegerá por unanimidade, sob o nome de Leão X, o "bom gordinho" Giovanni, que seguiu maravilhosamente a lição de seu pai – jamais fazer inimigos.

Júlio, bastardo de Giuliano, irmão falecido de Lorenzo, tem visivelmente a idade de Michelangelo. Alto, esbelto, elegante, pouco expansivo, ele é exatamente o oposto de seu primo Giovanni, do qual ele se faz habilmente o amigo indispensável: não só o confidente, como também aquele que faz o trabalho penoso, toma as decisões, vela pelo bem-estar... Júlio acompanhará o papa Leão X em Roma, onde será sua eminência parda. No final do ano de 1523, 22 anos depois de sua morte, será rebatizado de Clemente VII e será o sucessor do efêmero papa Adriano VI. Assim como foi feito para Leão X, a colônia florentina de Roma erguerá um imenso arco do triunfo com as armas dos Medici. As trombetas soarão... O sonho de Lorenzo foi suplantado: não apenas um, mas dois papas Medici!

As discussões do palácio Medici marcarão talvez, meio século mais tarde, os afrescos do *Juízo final* que ornam as paredes da Capela Sistina de Roma. Mas é sobretudo ao ler os *Sonetos*[2] de Michelangelo que pensamos no *Inferno* de Dante, ou na tumba representada pelo corpo platônico:

> *Sou um desgraçado! Desgraçado!*
> *Em todo o meu passado não encontro*
> *Sequer um dia que tenha sido meu!*
>
> *Ah! Faça, faça*
> *Com que eu não volte a ser o que era!*

Nestes versos, que seria preciso ler em italiano porque a música da aliteração é tão pouco traduzível quanto *Annabel Lee* de Edgar Poe, escutamos ao mesmo tempo a dor do homem expulso do jardim do Éden e o orgulho do homem todo-poderoso da Renascença. "Michelangelo, o despertado" é um esfolado vivo. Ele se fará representar, por sinal, com o humor mórbido que lhe atribuem seus biógrafos, no afresco do *Juízo final* da Capela Sistina, na pele ensangüentada que o apóstolo Bartolomeu, o esfolado, brande.

Detalhe significativo, o Bartolomeu do afresco segura não apenas seu despojo, como também a faca do suplício: ele é aquele que sofre e que se faz sofrer. Olhemos melhor:

Bartolomeu tomado de fúria, calvo e provido de uma barba de profeta, nada tem de Michelangelo. O despojo, ao contrário, clara figura da vulnerabilidade e da dor, cabeludo e quase imberbe, assemelha-se traço por traço ao pintor. Como se cada facada de Bartolomeu tornasse o apóstolo mais próximo de Michelangelo, "cada um de meus golpes de cinzel dá vida à pedra* – parece dizer esse auto-retrato –, revela o que me separa dela como uma pele indigna!".

O "Divino Michelangelo"? É preciso imaginar um observador insatisfeito com a própria obra a ponto de reduzi-la a migalhas, um artista para quem o mármore revela a Beleza e a Verdade, ao mesmo tempo que a intolerável finitude da obra.

Incontestavelmente, Michelangelo é um dos maiores gênios de todos os tempos. Ninguém jamais conseguiu provar em que mestre ele se inspirou na sua prática da escultura. Não no velho Bertoldo, especializado na modelagem do bronze; também não em Ghirlandaio, que o assalariava como um mestre. A filiação de seus *putti* (querubins carregando guirlandas, muito freqüentes na arte italiana) remontaria a Benedetto da Maiano, escultor de grande renome, que o teria iniciado em sua arte bem antes de Ghirlandaio: "Junto com o leite de minha ama-de-leite", sugere Michelangelo, brincalhão.

*

Sua primeira obra marcante, *Virgem na escada*, é um pequeno baixo-relevo executado aos dezesseis anos, em 1491, o ano da morte de Bertoldo. Bem além da influência dele, é em Donatello que é preciso buscar um parentesco... Michelangelo retoma o *stiacciato* utilizado por Donatello na *Madona dos Pazzi* em Berlim. Essa técnica, já mencionada por nós, inspira-se nas leis da perspectiva da arquitetura de Brunelleschi. Consiste em diminuir o relevo de uma escultura levando-se em conta o olhar do espectador, de maneira que ela só alcance suas justas proporções se olhada de uma certa

---

* Michelangelo, diferentemente de Leonardo, sempre considerará a pintura uma forma de escultura, em outras palavras, uma arte do relevo.

distância. Vasari declara sem meias-palavras: ele compara a *Virgem na escada* a um Donatello, "chegando a ter mais graça e mais desenho"!

A segunda obra interessante, *A batalha dos centauros*, um baixo-relevo de dimensão importante, realizado em um bloco de mármore mais convexo, é proposta pelo filósofo Politiano. O *Quattrocento* habituou gradualmente o artista a passar dos temas religiosos para os temas emprestados da Antigüidade. É certo que Michelangelo tinha a chave do Jardim de San Marco. A hipótese provável é de que, precisando ilustrar uma passagem das *Metamorfoses* de Ovídio, ele tenha se inspirado em uma batalha representada sobre um sarcófago romano. Na sobreposição dos corpos, em que a inteligência combate a enormidade, aparece a preocupação máxima de Michelangelo, encontrada em toda a sua obra: o nu masculino em movimento.

Mas qual a importância de *A batalha dos centauros* ter sido inspirada também em relevos dos Pisano, pai e filho (as cátedras de Pisa)? A primeira juventude dos maiores artistas é obrigatoriamente um resumo de toda a história da arte (basta pensar no primeiro Picasso)... O próprio Michelangelo sabe que *A batalha dos centauros*, executada pouco tempo antes da morte de Lorenzo de Medici em abril de 1492, é sua primeira obra digna desse nome. Permanecida inacabada por causa de seu retorno à casa paterna, a estátua o acompanhará por toda a vida.

Lorenzo morreu aos 43 anos de uma febre súbita atribuída a uma crise de gota, mas também a dores de estômago, fazendo crer em um envenenamento. Para surpresa geral, ele pediu para receber a extrema-unção de Savonarola, prior de San Marco. Por que teria escolhido esse irmão dominicano que o denuncia em suas preces como um servidor do diabo? Os enigmas se multiplicam: no momento do falecimento, um cometa surgiu em plena noite e os leões do zoológico rugiram de modo ensurdecedor; no dia seguinte, o corpo do médico, Pier Leoni, foi encontrado no fundo de um poço.

Dormir com os olhos abertos

A morte do Magnífico mergulha Michelangelo num estado que beira a melancolia. A profunda falta é acrescida de um sentimento de abandono que faz reavivar o desaparecimento recente do doce Bertoldo. E, ademais, a situação não conduz ao otimismo: ver o filho mais velho de Lorenzo, Piero de Medici, o imbecil da família, conduzido ao poder em homenagem ao pai pela unanimidade da Signoria é razão suficiente para se inquietar!

Consternado, Michelangelo retorna ao leito que compartilha com seu irmão Buonarroto na casa familiar. Conviveu suficientemente com Piero para conhecer sua arrogância, sua futilidade e sua inércia. Nenhuma afinidade entre os dois jovens. Basta um olhar para compreender que se é indesejável.

Nenhuma outra solução a não ser o retorno pouco entusiástico ao ateliê de Ghirlandaio, o qual, por uma razão misteriosa, duplica suas remunerações, para grande alegria de Lodovico Buonarroti. O rapaz é o mais rápido do ateliê. Terminado seu "cartão*", vai visitar os Topolino em Settignano, ou o prior de Santo Spirito, sólido rapaz que ele conheceu durante sua primeira infância. Nicolas Bichiellini reina não apenas sobre uma igreja, como também sobre uma biblioteca, uma escola e um hospital. Ele permitirá a Michelangelo aperfeiçoar sua cultura das antigüidades, mas sobretudo alcançar o conhecimento que lhe faz uma falta cruel: o da anatomia.

Na época, ao contrário do que se crê freqüentemente, a dissecação dos corpos não-reclamados (vagabundos, condenados) não é proibida pela Igreja, mesmo que permaneça um privilégio dos médicos. É proscrita, e passível de morte, a "profanação" dos cadáveres, em outras palavras, o fato de desenterrá-los. Como Michelangelo conseguiu convencer o prior a lhe deixar a chave da câmara mortuária de Santo Spirito?

---

* Desenho sobre cartão, segundo o formato do modelo a ser pintado. Usa-se tinta ou lápis de cor, giz, pena ou *fusain*, sanguina, alvaiade.

É preciso imaginá-lo suspendendo o lençol e cambaleando em meio ao odor de flor apodrecida. Na claridade vacilante do candelabro, ele mal distingue o rosto do morto, reduzido como o resto do corpo a uma coisa dura, fria, cor de carne estragada. Superando uma espécie de terror sagrado, ele vai incisar um semelhante com uma faca de açougueiro. Como a pele é dura! Quer dizer que o sangue não corre? Sob a gordura amarela, que faz pensar nos gansos de Settignano, aflora a fibra muscular de um vermelho quase preto. Acima, reluz o inacreditável labirinto do intestino.

De dia, Michelangelo vai ao ateliê; de noite, retoma o caminho de Santo Spirito, extraindo um coração ou um cérebro com tesouras de costureira, explorando os ossos com o escalpelo, aspergindo-se como pode com a água da fonte antes de deslizar para dentro do leito que divide com o irmão mais novo Buonarroto, com a morte nas narinas, o corpo gelado. Mesmo que seja insuportável trancar-se com um enforcado ou um jovem esfaqueado, não desejará desviar-se dessa exploração da morte. Com a premonição de que dará vida à pedra como se reanimasse aqueles desconhecidos cuja carne retalha, ele continua, tremendo de esgotamento, à beira da náusea.

Uma observação antes de prosseguirmos: o Hospital Santo Spirito só aceita homens, o que explicaria a virilidade das figuras femininas de Michelangelo (suas *Sibilas*). A própria *Pietà* só oferece ao olhar as mãos finas e o gracioso rosto. Suas formas são somente sugeridas pelo drapeado do manto.

Para agradecer ao prior, Michelangelo executou o *Crucifixo* em madeira policroma que se encontra até hoje no Monastério de Santo Spirito? Os *experts* geralmente contradizem os biógrafos... Mas a doçura da expressão e o refinamento do corte do *Crucifixo* são de fato incompatíveis com a *terribilità** do divino florentino.

O que é fora de dúvida: as dissecações serão interrom-

---

* Palavra intraduzível, muito empregada na Renascença: ao mesmo tempo "energia", "furor", "atitude que impõe um terror sagrado", "inspiração divina"...

pidas por um acontecimento inesperado: a morte de Ghirlandaio, levado pela epidemia de peste que marca o inverno de 1493. Mais nenhum meio de subsistência!

*

Decididamente, Michelangelo tem sorte: em janeiro de 1494, é convocado pelo infantil Piero de Medici, que lhe pede para esculpir no pátio do palácio um boneco de neve como nunca tenha sido visto. Imenso, incontornável. Virá gente de toda a Itália admirá-lo porque ele gelará mais do que o habitual, porque a chuva e o bom tempo obedecerão ao pequeno Medici. Que homenagem à festa, mas também à força que esmagará com sua soberba todos os bonecos de neve do mundo!

Michelangelo, ferido no seu orgulho de artista, aceita o que se assemelha bastante a uma chantagem: em troca do gigante efêmero, Piero promete devolver-lhe os privilégios de que dispunha enquanto Lorenzo vivia – e manterá a palavra.

É a época em que, animado pelos novos conhecimentos em anatomia, ele compra no canteiro de obras do Domo (gerido pelo Conselho da construção do Domo, diretamente dependente da Signoria) uma coluna de mármore ligeiramente menor do que sua vizinha, o "bloco de Duccio" (avariado pelo escultor Augustin de Duccio, esse bloco servirá mais tarde para o *David*). O enorme mármore é trazido em cima de um carro de boi e, correndo o risco de romper as cordas de freagem, tão esticadas que os cortadores de pedra por pouco não serão esmagados por sua queda, é descarregado no fundo dos Jardins de San Marco.

Desse primeiro mármore esculpido em vulto (tridimensional), não nos resta senão uma gravura de Israel Silvestre representando o jardim do castelo de Fontainebleau. Estranho destino para aquele *Hércules* gigantesco que supostamente representava a quase divindade de Lorenzo de Medici, o príncipe dos "mais-do-que-doze-trabalhos": vendido ao amigo de infância Felipe Strozzi, que o dá a Francisco I, será um enigma no centro do jardim antes de sua destruição no século XVIII.

A partir do fim da época lourenciana uma ameaça pesa sobre Florença. Em 1494, animado por pretensos direitos ao trono de Nápoles, Carlos VIII, jovem e fogoso rei da França, armou vinte mil homens. Claro, suas tropas, dignas dos exércitos de César, tinham razão para desencorajar. Mas como explicar que ele tenha sido tão bem recebido em Milão pelo regente Lodovico Sforza? Carlos VIII é festejado como um salvador: em 1492, o estúpido Piero de Medici e o rei Ferdinando de Nápoles assinaram um tratado secreto sobre o desmembramento de Milão!

A situação chega às raias do absurdo: Carlos VIII ordena duas vezes a Piero de Medici que lhe deixe a passagem livre para Nápoles; Piero despede os enviados do rei da França sem sequer pensar em reunir as tropas regulares ou os mercenários.

Enquanto Lorenzo viveu, Carlos VIII jamais se sentiu autorizado a atravessar a Toscana. O Magnífico era seu amigo, e ele podia contar com Milão, Pádua, Gênova, Ferrara... Por causa de suas manobras inconseqüentes, Piero perdeu seus aliados. Veneza usou como argumento sua neutralidade, Roma recusou suas tropas. Mesmo em Florença, saudou-se a chegada iminente dos franceses que iriam expulsar um indigno filhote dos Medici. Basta escutar as profecias do irmão dominicano Savonarola.

Em 1491, Savonarola foi nomeado prior de San Marco. A partir da eleição de Piero de Medici, suas prédicas adquiriram um tom apocalíptico: contra a corrupção da Igreja (Alexandre VI Borgia, eleito em 1492); contra a oligarquia das potências financeiras que engana a confiança do povo e deprava seus costumes... Seu verbo aterrador fascina uma assistência inumerável, do operário analfabeto a Pico Della Mirandola, do pintor Botticelli ao irmão mais velho de Michelangelo, Lionardo, homem bastante comum que se tornará dominicano.

Meio século mais tarde, Michelangelo garantirá a Condivi que ainda escuta a voz "enregelante" de Savonarola, atravessando como um trovão o corpo tão frágil do monge, e que sente um tremor ao pensar nos seus olhos afundados nas órbitas como duas chamas negras. O dominicano lançava o anátema sobre Florença, e suas profecias se realizavam: a morte de Lorenzo de Medici e o "castigo divino" da invasão francesa em 1494!

*

Em meados de outubro, o exército de Carlos VIII, que invadiu a Itália do norte, acampa diante da fortaleza florentina de Sarzana. A essa altura, diversas fortalezas da fronteira toscana já caíram. No começo de novembro, Piero dirige-se ao acampamento tendo em vista uma negociação... que consiste em prometer ao inimigo as chaves das fortalezas próximas, Livorno e Pisa, e uma soma de duzentos florins, se ele aceitar prosseguir seu caminho "evitando Florença".

Ao voltar, o Grande Conselho manda soar o sino da Signoria, como se se tratasse de um grande luto, e critica publicamente Piero por "sua covardia, sua loucura, sua inépcia e sua rendição". Uma delegação (nem um pouco hostil) incluindo Savonarola é enviada a Carlos VIII. Piero é afastado. Furioso, volta para Florença sob vaias:

– Abaixo os Medici! Quatro mil ducados pela cabeça de Piero!

A multidão joga-lhe pedras. Ele foge pelos jardins e consegue alcançar um bando de mercenários na Porta San Gallo, justo antes de a multidão desenfreada se precipitar dentro do palácio, rasgando quadros e tapeçarias, disputando a socos jóias e peças de ouro, emborcando as garrafas de vinho que depois se espatifariam em cima dos livros raros espalhados, em cima do mobiliário em pedaços... Piero de Medici viu a morte de muito perto, nunca mais voltará a Florença.

A pilhagem do palácio Medici é concluída com uma precursora cena surrealista: sob uma chuva de ouro que jorra em meio a um concerto de insultos das janelas do Magnífico, a imensa estátua de *Judith e Holoferne* flutua acima da maré ululante, empurrada, levantada por milhares de braços até a praça de la Signoria, onde será largada, milagrosamente preservada, para oferecer à face do mundo sua alegoria sangrenta: a vitória do povo contra a tirania.

Quando Carlos VIII se aproximar dos muros, os florentinos não terão outra solução a não ser se acalmar. Esgotados, acolherão como um pesadelo ou um sonho acordado a inimaginável exibição das forças armadas francesas. Então, com o instinto de conservação começando a prevalecer sobre os pensamentos confusos, eles acolherão com ovações o desfile do inimigo vencedor.

O escultor não esperou a chegada das tropas francesas. Inquieto por causa de sua intimidade com os Medici, e explicitamente apavorado por um músico do palácio para quem Lorenzo aparecera em andrajos de luto, ordenando-lhe que previnisse o filho (o qual ordenou aos escudeiros que o surrassem em público: "Se ele tivesse que aparecer para alguém, seria para mim e não para você!"), selou na calada da noite três cavalos da estrebaria do palácio e deixou Florença junto com dois companheiros do ateliê de Ghirlandaio. Pelos Apeninos, alcançou o território neutro de Veneza. No entanto, como não encontrou trabalho, retomou o caminho em direção a "Bolonha das duzentas torres", tão impressionado com as poderosas muralhas quanto com as torres que protegiam cada casa da casa vizinha na altura do segundo andar, rarefazendo a tal ponto o ar nas ruelas que se chegava à praça principal com um suspiro de alívio... para cair nos braços dos policiais bolonheses:

– Seus polegares!
– Por quê?

Michelangelo e seus amigos acabam compreendendo: um decreto recente exige que os estrangeiros que entram na cidade sejam marcados com um selo de cera vermelha sobre a unha do polegar.

– Caso contrário, são cinqüenta libras bolonhesas ou a prisão.

– Mas nossos bolsos estão vazios! Viemos procurar trabalho!

Michelangelo é decididamente um eleito do destino: Giovan Francesco Aldovrandi, fidalgo amigo do Magnífico, assiste à cena. Com um gesto, afasta os policiais. Com um sorriso afável, aproxima-se dos rapazes. Ele reconheceu Michelangelo, o protegido de Lorenzo, com quem tantas vezes cruzou no palácio Medici. Irá hospedá-lo durante um ano.

*

Aldovrandi tem apenas quarenta anos, porém adquiriu na atividade bancária uma fortuna suficiente para se dedicar exclusivamente às artes e exercer um mecenato junto a jovens artistas. Obtém facilmente para Michelangelo uma encomenda importante do Conselho de Bolonha: três personagens para o cofre das relíquias de São Domingos (na igreja de mesmo nome), deixado inacabado por Niccolò Dell'Arca, dito Niccolò de Bari, recentemente falecido.

O túmulo do fundador da ordem dos dominicanos é um monumento quase emblemático para os bolonheses. Aos olhos deles, justifica as mais loucas despesas. Mas Aldovrandi, que sabe o quanto as finanças do Conselho são indispensáveis para a defesa militar, decide oferecer o mármore de Carrara e o seu transporte através dos Apeninos. Michelangelo disporá do ateliê de Niccolò Dell'Arca, com uma bancada, seus instrumentos, seus modelos de cera...

Todas as noites, Aldovrandi pede que seu convidado leia em voz alta uma passagem de um autor de sua escolha, como era costume na casa dos Medici: Aldovrandi, de camisa na sua alcova coberta de brocado, fecha os olhos. Não fossem os cabelos grisalhos, com as feições distendidas sobre um ligeiro sorriso, ninguém lhe daria mais do que trinta anos.

Michelangelo tem o sentimento de estar consumando um rito sagrado. De pé, contendo a emoção, eleva lentamente à altura dos olhos *A divina comédia* de Dante ou um soneto de Petrarca e abre o livro ao acaso. Ele é supersticioso e não gosta de desfazer a ordem das coisas. Sua escansão é notável, Lorenzo lhe dizia delicadamente... Um ligeiro ronco: Aldovrandi adormeceu. O rapaz pode voltar para o seu quarto.

É através de Aldovrandi que Michelangelo fica sabendo da morte de Politiano e de Pico Della Mirandola, com algumas semanas de intervalo. Politiano, dominicano em seus últimos momentos, foi enterrado na Igreja de San Marco segundo sua última vontade. Pico deu seu último suspiro em uma célula de San Marco, para onde se retirara. Foi baixado à terra vestido de dominicano. Murmura-se que Savonarola teria mandado envenená-lo*.

O escultor mergulha num sofrimento profundo. Como se concentrar na massa e no cinzel quando as lágrimas lhe queimam os olhos? Ele tem que completar a pequena estátua de *São Próculo* diante da qual Niccolò Dell'Arca adormeceu para sempre, esculpir cada pedaço de um *São Petrônio* (santo padroeiro de Bolonha) e um *Anjo com candelabro*.

Uma noite, após o ritual de leitura, ele faz esboços, amassa-os com raiva, atrapalhado com a representação de um anjo: "O que é um ser espiritual a serviço de Deus?". Michelangelo, afinal, não fará a abstração dos conhecimentos adquiridos no Hospital Santo Spirito! O corpo tem sua importância, ele é a "antecâmara" platônica do espírito.

O anjo medirá uns cinqüenta centímetros, como os outros personagens. Terá o corpo do camponezinho atarracado que lhe serviu de modelo e um rosto de pastor grego. Terá asas, é o costume. Mas elas parecerão acrescentadas: asas de ave de rapina.

Ora, por quê? Michelangelo lança questões sem resposta ao longo de toda a sua vida. As asas, ele não gosta delas: apêndices bons para a galinha, indignas daquele que tem por missão nos aproximar de Deus! O *Anjo com candelabro* é já o intermediário entre o homem e seu Criador. Nada em comum com o anjo tradicional. Ele é a prefiguração do "homem mais do que o homem" (infinitamente forte e absolutamente vulnerável) que será evocado pelos *ignudi*** da abóbada da Capela Sistina.

---

* Três anos mais tarde, o secretário de Pico, questionado pela Inquisição a pedido de Savonarola, escreverá sob ditado que envenenou o patrão a mando dos Medici...

** Efebos sentados sobre pedestais, representados sob a abóbada da Capela Sistina, no canto das *Histórias* bíblicas. Sua beleza remete à pureza da alma posta a nu. São representados em todas as poses, descrevendo a condição humana: curiosidade, inquietação, dor, alegria, surpresa.

Abrindo, através de sua aura, um espaço sagrado que se torna a representação da condição humana, o *Anjo com candelabro* parece modelado na cera. O cinzel do escultor procedeu com uma delicadeza surpreendente, como se sua *terribilità* tivesse sido domada pela doçura de seu modelo. Do *Anjo* emana a delicadeza dos relevos pisanos do século XIII que ornam a parte mais antiga do túmulo. Por uma vez, Michelangelo se deixou domar.

Os dois santos, tratados de uma maneira muito diferente, evocam o *São Petrônio* que fica sobre o portal da Igreja de São Petrônio de Bolonha. Quantas vezes Aldovrandi levou seu hóspede à Piazza Maggiore, alardeando a um Michelangelo deslumbrado o portal esculpido por Jacopo Della Quercia logo no começo do *Quattrocento*... Nesse ano de 1400, ele acabara de ser derrotado por Ghiberti no concurso para as portas do batistério de Florença. Reconhece-se nas cinco cenas esculpidas por ele a revanche magnífica de um gigante ferido em seu orgulho.

Como se ele estivesse ali, Michelangelo revive uma conversa com Aldovrandi sob o portal da igreja:

– Eu teria reagido como Della Quercia, Jacopo – murmura. – Enfim, talvez... Esmagado pela vergonha, no lugar dele acho que teria me enclausurado sem comer nem dormir... Esqueça o que você acabou de ouvir, amigo, estes momentos de abatimento que atravesso com tanta freqüência... Eu já os faço pesar nas costas de meu pai e de meu irmão Buonarroto, o que adiantaria infligir a você o fardo de meu mal?

Assim como Michelangelo, Jacopo Galli não é um homem comunicativo. A seu companheiro que agora se isola num mutismo mal-humorado, ele dirige um sorriso misterioso:

– Sabia, Michelangelo, que Della Quercia, na escultura deste portal, foi o primeiro a se inspirar na escultura alemã? Lá eles chamam essa maneira de *Vesperbild*. É um tema muitas vezes executado em madeira, que contém no seu centro uma pietà na qual Maria carrega Jesus.

– Nada a ver com nossa *Imago pietatis*, tão freqüente

em Donatello, na qual Cristo é carregado por anjos – exclama Michelangelo.

Ele se calou novamente, com a cabeça inclinada, sentindo-se atraído pelo portal. Aquela representação de uma Virgem com o menino produziu nele uma impressão profunda: chega de anjos! Ele já estaria imaginando sua obra máxima, a *Pietà*, inspirada no *Vesperbild*, quatro anos mais tarde em Roma?

A escultura do relicário de São Domingos não demonstra apenas um interesse novo por uma escultura nórdica que vai ao encontro do próprio questionamento de Michelangelo; ela ilustra maravilhosamente a imagem provocadora do jovem escultor. Ao lado de um *São Petrônio* representado como um velho nobre flutuando em seu hábito de arcebispo e oferecendo aos bolonheses a maquete de sua cidade, *São Próculo* de túnica, com rosto contestador e músculos vigorosos, evoca um gêmeo em escala reduzida do *Hércules* de Fontainebleau! Pensamos novamente na Sistina, com seus profetas de expressão ou gestos resolutamente deslocados em relação ao papel atribuído pela Santa Bíblia...

Michelangelo volta a Florença no final do ano de 1495, tem saudades de sua terra. Sobretudo, não chicotear o cavalo, a estrada é lamacenta, e com este vento... Também não pensar demais, o futuro é angustiante... Deixando as guarnições nas cidades ocupadas, Carlos VIII prosseguiu o caminho para Nápoles, estimulado pelo papa Alexandre VI, que lhe abriu graciosamente os Estados pontificais. Em Bolonha, os associados de Aldovrandi trouxeram uma noite em Florença a história do cerco de Monte San Giovanni, às portas de Nápoles: não houve nenhum sobrevivente! Os soldados, eles mesmos assustados com as atrocidades cometidas, queimaram a fortaleza para apagar até mesmo a lembrança. O acontecimento inspirou tamanho horror ao rei Ferdinando, que ele abdicou. Carlos VIII não hesitou: coroou-se na mesma hora rei de Nápoles.

*

Mesmo depois da retirada das tropas francesas, dispersadas pela coalizão de seus antigos aliados, a saída permanece indecisa. O *condottiere** Lodovico Sforza, destacado por Carlos VIII, não parece disposto a lutar contra um outro *condottieri*, Federico Gonzaga de Mantova, que se tornou um verdadeiro mito para os italianos... Mas quem sabe? A Itália se parece com o corpo furado de facadas que Michelangelo desistiu de dissecar em Santo Spirito. Ele respirava, era capaz de jurar!

Pobre Itália, desmembrada, rejuntada ao preço de alianças efêmeras, oferecida como uma presa sonhada ao cinismo de César Borgia (filho do papa Alexandre VI e *condottieri* das tropas pontificais) ou ao fanatismo de Savonarola! Michelangelo desenha, jamais pára de desenhar. Mesmo em suas *Cartas*, nas quais ele rabisca os acontecimentos nas margens; mesmo quando se deixa levar por seu cavalo pelas poças nauseabundas, absorvido pelo sonho da "coluna de Duccio" entrevista nas construções do Domo... É seu *David* que ele já esboça em pensamento. Um rapaz em pleno vigor, símbolo da renovação, da energia, da coragem que Florença precisa reaver...

Sempre confiante em suas premonições, sejam felizes como naquela noite de 1495, sejam trágicas como a que o fez fugir um ano antes, Michelangelo retirou-se em si mesmo. Num estado de total dissociação de personalidade, em cima do cavalo que ele conduziu até os muros de Florença, Michelangelo surge parecendo dormir acordado, lançando à família que veio acolhê-lo o "olhar interior" que ainda causa impressão no busto de bronze que fará dele, mais de meio século depois, seu aluno Daniele da Volterra.

Ei-lo agora na praça da Signoria, andando a passos rápidos em direção ao palácio "Popolano" com seu amigo Granacci. Este último acaba de lhe transmitir um convite dos

---

* O *condottiere* da Renascença italiana é um antigo soldado, geralmente nobre, que se coloca com suas tropas a serviço de um Estado em troca de dinheiro. Sua ferocidade continua inseparável de um código de honra que o distingue do vulgar mercenário.

"Popolano". Trata-se de ricos mecenas, Lorenzo e Giovanni di Pierfrancesco de Medici, primos de Piero, que mudaram de nome por prudência, escolhendo "Popolano" por imitação da palavra *popolani* que designa o Partido do Povo, majoritário em Florença desde as eleições democráticas de 1494.

Em Florença, não há mais música nem riso. Nas ruelas desertas, pesa um silêncio opressor. Granacci fala ao ouvido de Michelangelo:

– Você sabe como nós nos divertimos com apelidos: os Popolani são chamados de "choramingas" pelo campo adversário. É que eles batem no próprio peito e se arrastam de joelhos como os dominicanos, desde que Savonarola benzeu o partido deles!

– E o Grande Conselho? Aldovrandi o comparava com o Conselho veneziano: mil membros!

– Sim, Michelangelo, mas o poder nunca é oficial, o Magnífico nos ensinou... Ele pertence no momento ao dominicano. Sem nenhuma função precisa, ele reina sobre as almas do fundo de seu monastério como Lorenzo reinava sobre os espíritos do fundo de seu palácio.

*

A acolhida dos "Popolano" dá a entender que, mal completados seus vinte anos, Michelangelo já tem uma sólida reputação. Conduzido por Granacci a um palácio suntuoso com paredes cobertas de quadros, que pertenceu a Lorenzo*, o rapaz é saturado de vinhos finos e copiosamente alimentado por dois desconhecidos de rostos de mercadores de animais, vestidos como príncipes. Meio embriagado, ouve lhe encomendarem um *São João Batista*, comprovação de devoção para Savonarola.

A obra, atestada por Vasari, perdeu-se. Mas Michelangelo também vai executar para seus anfitriões um *Cupido*

---

* A coleção de Lorenzo foi posta em leilão, e eles compraram boa parte dela.

adormecido que sugere a um Lorenzo maravilhado esta réplica pouco escrupulosa:

— Se você o enterrasse, tenho certeza de que ele passaria por um mármore antigo, e, ajeitando-o de maneira a parecer velho e enviando-o a Roma, conseguiria muito mais dinheiro do que o vendendo aqui!

O gênio de Michelangelo para imitar as antigüidades é conhecido. O *Cupido* vai ser então "retirado da terra" por um revendedor, Baldassare Milanese, que o carrega para Roma, onde, embolsando uma copiosa comissão, vende-o por duzentos ducados ao cardeal Riario, sobrinho do papa Sisto IV. O cardeal desconfia rapidamente da autenticidade da estátua, adivinhando que, por ser tão bela, só pode ser obra de um florentino. A seqüência da história se parece com um desses casos fabulosos que conhecem um destino que se tornará ele mesmo legendário:

Riario, que jurou descobrir a identidade do artista e persuadi-lo a ir a Roma, envia um emissário a Florença, o qual finge ter a incumbência de procurar um escultor para uma importante encomenda de Roma.

O fidalgo, de nome Leo Baglioni, visita os ateliês, suscitando brigas e altercações entre os pequenos mestres de Florença. Bertoldo e Ghirlandaio morreram. O violento Torrigiano, excluído da comunidade florentina, trabalha em Roma para os Borgia. O fiel Granacci, desconfiando da proposta exagerada, tratou de se exilar por algumas semanas na propriedade de um amigo...

— Vá ver em casa de Michelangelo — aconselha um membro do Conselho da construção do Domo.

Baglioni encontra o jovem conversando com o irmão Buonarroto, com desenhos enchendo os bolsos, de volta à casa depois de um dia a percorrer a cidade, na qual o mais insignificante dos passantes se transforma em "modelo vivo".

— Estou procurando um escultor para um eminente personagem de Roma. Notáveis me louvaram suas qualidades. Você teria alguma coisa para me mostrar?

Michelangelo, sem responder, pega uma pena com a mão direita e desenha sua mão esquerda com tanta facilidade que o outro fica estupefato. Em seguida, transfere a pena para a outra mão e, depois de desenhar a mão direita, observa o visitante com o ar de um bom aluno esperando receber a nota.

– Você não seria também escultor, por acaso?

– Nas horas vagas – responde modestamente Michelangelo. – Fiz recentemente um *Cupido*...

E Michelangelo, que imita maravilhosamente, coloca-se ele mesmo na pose do *Cupido*, esclarecendo apenas que a estátua não era mais alta do que isso, nem mais larga do que isso...

O fidalgo se despede no meio de uma frase. Ele ouviu o que queria saber.

A história vira confusão para o revendedor e glória para o escultor. O *Cupido*, revendido em 1502 a Isabella d'Este por César Borgia, é comprado em 1631 por Carlos I da Inglaterra. Ele desaparecerá na ocasião da venda dos bens da coroa. Contudo, na embriaguez do jogo de esconde-esconde, o "falsário" torna-se hóspede predileto do cardeal Riario durante pelo menos um ano.

Eis, pois, Michelangelo em Roma, comparada em suas cartas a "um monte de lixo". No ano precedente, o Tibre transbordou, e, durante quase uma semana, os que pensaram a tempo se refugiaram sobre as colinas. Quando voltaram, encontraram uma cidade em estado de podridão e uma população dizimada pela peste.

Nas ruelas de calçamento arrancado, as rodas das carroças fazem tamanho barulho que é preciso bradar para ser ouvido:

– Olhe – grita Baglioni.

A golpes de maça, um grupo de homens esfarrapados põe em pedaços o muro de um palácio para recuperar a pedra. De cada lado do edifício em ruína, uma loja fétida. Um pouco mais longe, um templo grego serve de estábulo e de galinheiro.

– Não é um teatro de Pompéia? – articula Michelangelo com as mãos em porta-voz.

– Sim. Tornou-se um campo de refugiados.

E Baglioni relata o calvário dos peregrinos vindos de toda a Europa. Dados como mortos pelos ladrões que os escorcharam, vagueiam até os albergues sujos onde se propagam as epidemias, caindo finalmente em uma igreja ao preço de seus últimos ducados.

– Pois é, Michelangelo! Sisto IV de fato empreendeu um trabalho de renovação. Mas, sob os Borgia, Roma afundou num estado pior do que o descrito pelo historiador Bracciolini há cinqüenta anos: "Os edifícios públicos e privados jazem desmoronados e nus, como os membros de um gigante. Roma é um cadáver em putrefação."

*

Os dois cavaleiros chegaram ao Campo dei Fiori, onde o mercado arma suas barracas coloridas como se quisesse desafiar a miséria. Criadas discutem preços, ouvem-se conversas, brincadeiras... O suntuoso palácio do cardeal Riario ergue-se um pouco mais acima, perto de uma pequena praça rebatizada de "Fiammetta" para homenagear a amante do jovem César Borgia.

Michelangelo, que conhece o passado do cardeal Riario, sente-se pouco à vontade: com a idade de dezoito anos, mas já cardeal, ele era convidado de Lorenzo de Medici, chegara a rezar a missa naquele dia de 1478 em que Giuliano de Medici fora apunhalado dentro do Domo. Lorenzo mandou enforcar os conspiradores nas janelas de seu palácio, mas conseguiu manter suficientemente a diplomacia para fechar os olhos à cumplicidade do jovem Riario. Compreende-se por que este último tem, presentemente, em relação aos Medici, um reconhecimento eterno, passando os olhos de abutre pela carta de apresentação daquele "Popolano" cuja filiação ele conhece perfeitamente.

O *Cupido adormecido* já está esquecido. O cardeal não sabe mais muito bem por que mandou chamar Michelangelo a Roma. Seu secretário Baglioni faz ao escultor as honras da cidade: visitas ao arco de Domiciano, à coluna de Trajano e ao bronze de Marco Aurélio.

Ele o faz escolher no canteiro do Trastevere um mármore de Carrara do tamanho de um homem, consegue para ele até mesmo um galpão para trabalhar... no quê?

Alimentado e hospedado por Riario, mas sem sequer saber se será pago, Michelangelo compreendeu que, no palácio, ele nada mais é do que um vulgar empregado à disposição do patrão. Para matar o tempo, perambula por Roma, passando do "modelo vivo" ao estudo das antigüidades do jardim Della Rovere*, reputado por sua coleção de mármores, única na Itália.

Um dia, mais outro golpe do acaso: ele se vê cara a cara com um amigo de infância, Balducci. Este, empregado no banco de um certo Jacopo Galli, o introduz na comunidade florentina de Roma, no bairro da Ponte, agrupado em volta dos bancos florentinos da Via Canale, bem perto da *Camera Apostolica*, banco do Vaticano. Nada a ver com o resto de Roma. As ruas são limpas e bem cuidadas, não há roupa nas janelas... Bastou se inspirar na divisa romana *Senatus Populus Que Romanus*, traduzida por: "*Sono Porci, Questi Romani*" ("Que porcos, esses romanos!").

Entre os amigos do romano Leo Baglioni e dos de Balducci (como o banqueiro Rucellai, que dentro em breve lhe provará sua amizade), Michelangelo mata o tempo. O cardeal Riario acabou sugerindo um *Baco* que relegará, bem para trás, as antigüidades pagãs de seu tio.

O projeto voa em pedaços: o marido de Lucrécia Borgia foge de Roma proclamando os amores incestuosos de Lucrécia e seu irmão (César Borgia), o qual quer mandar assassiná-lo; pescadores encontram o corpo de Juan Borgia dentro do Tibre, furado de facadas. A polícia do papa revista as casas, tortura, viola, suspeita-se da nobreza romana... até

---

* Coleção pessoal de Sisto IV.

Alexandre VI, como todo mundo, admitir que seu outro filho (César Borgia, mais uma vez) assassinara o irmão porque ele se tornara um rival.

Riario adota o luto com o papa, e Michelangelo é definitivamente abandonado. Seus últimos ducados, ele os deu ao irmão Lionardo, o Dominicano, para que ele pudesse voltar para Florença. Encarregado de "disciplinar" o convento de Viterbo, o monge por pouco não termina como Juan Borgia!

O ano de 1497 torna-se insustentável. A madrasta de Michelangelo, Lucrezia, ternamente amada, morre de repente; seu pai, crivado de dívidas, está ameaçado de prisão; seus irmãos pedem dinheiro, ainda e sempre. Em uma carta ao pai de 1º de julho, Michelangelo menciona trabalhos não pagos por Riario. No entanto, conclui orgulhosamente: "Eu lhe enviarei tudo o que me pedirem, mesmo que para isso eu tenha que me vender como escravo".

*

Mais uma vez, a sorte sorri para Michelangelo na pessoa do amigo Balducci, que agita a comunidade de banqueiros florentinos: Paolo Rucellai oferece ao escultor um empréstimo pessoal (sem juros) de 25 florins, e Jacopo Galli, apresentado nessa ocasião, encomenda-lhe o *Baco* que tinha sido vagamente cogitado por Riario. Mesmo assim, o cardeal deu permissão para que ele levasse o mármore adquirido em Trastevere. É num galpão junto do palácio de Galli que ele esculpirá. Jacopo lhe deu um adiantamento substancial (do qual nada sobra depois de reembolsar Rucellai e deixar o pai fora de perigo). Ele põe um quarto à sua disposição. Promete-lhe trezentos ducados assim que a obra terminar.

Laços de amizade se formam muito depressa entre Jacopo Galli e seu hóspede, que permitirão a Michelangelo prolongar os quatro anos de sua estadia romana.

Jacopo foi, na juventude, membro de uma Academia Platônica de Florença. Mas agora o grupo foi acusado de heresia. Seu professor, Giovanni Capocci, mesmo pertencendo à rica família Sanseverino, não escapou de ser torturado pela Inquisição.

No centro de suas conversas, a corrupção da Igreja:

– Ouro! – bradam animais com cabeça humana, desabando sob as tiaras e as capas recamadas de jóias... – Ouro! (Eu falo dos Borgia, Michelangelo.) Azar da higiene, da desnutrição... A miséria multiplica os bandos armados que matam, que roubam...

Jacopo Galli adotou ares de profeta. Inclinado para Michelangelo, como Hércules sobre uma criança, lança sobre seu protegido o olhar claro que persegue o artista em seus pensamentos. Duas perguntas afloram aos lábios: o desgosto pode alimentar sua inspiração? O ódio não vai sujar a pureza desse mármore tão branco do qual emerge a vida?

De noite, Michelangelo exorciza o mal através da escrita:

> *Aqui se fazem elmos de cálices e gládios,*
> *O sangue de Cristo se vende a mãos-cheias,*
> *Cruz, espinhos são lanças e escudos,*
> *Mesmo assim Cristo não perde a paciência...*
>
> *Já lhe vendem a pele em Roma,*
> *E de virtudes o caminho foi privado.*[3]

De dia, ele desenha a partir de modelo-vivo (acreditou-se reconhecer o conde Ghinazzo, que teria aceitado posar ao sair de uma bebedeira, quando Galli lhe insinuou que ele poderia ser imortalizado sob os traços de Dionísio) um homem ainda jovem, de ventre proeminente, musculatura flácida, sem vontade diante da taça que ele suspende com uma mão, enquanto a outra segura uma pele de tigre na qual se apóia um pequeno sátiro irradiando a alegria de degustar as uvas. Entre os cascos de cabra do fauno pende a cabeça do felino, evocando o futuro de *Baco*: o vazio.

Condivi, em sua *Vida de Michelangelo*, sublinha a propósito do *Baco* a arte de copiar as antigüidades e a fidelidade aos textos antigos que descreviam a divindade pagã de "face alegre, olhos vermelhos e lascivos"... o deus dos bêbados!

Vasari chama atenção para a androginia do personagem: "Nessa figura, Michelangelo procurou transmitir uma certa união dos dois sexos, dando-lhe a esbelteza de um homem jovem e a redondeza carnuda das formas da mulher", que deixa adivinhar a homossexualidade do escultor e, em seguida, sua pedofilia sublimada*, muito clara na obra que está por vir.

Em tamanho natural, o *Baco* surpreende: vai bem mais longe do que a imitação das antigüidades! Aos 21 anos, Michelangelo já é brilhante ao fazer brotar vida da pedra. Uma vida de submissão, no personagem representado, aos baixos instintos, o qual segue o mau cavalo (o corpo) de arreios platônicos em vez do bom cavalo que simboliza o espírito. *Baco* é o desmesuramento (o *hybris* da Grécia antiga) que conspurca a alma. Andando em volta da estátua, como nos convida sua inclinação, lembramo-nos do *Banquete* de Platão e imaginamos as discussões da Academia Platônica a propósito do "túmulo da alma" e da "prisão do corpo". A questão levanta um paradoxo: por um lado, a alma deve libertar-se do corpo para alcançar a pureza das Idéias (verdade ideal, para além do mundo sensível), mas, por outro, a celebração da beleza dos corpos é a etapa obrigatória para essa ascensão.

Fascinado pelos belos corpos, condenado a mostrar o que revela e separa para sempre o espírito, Michelangelo vive sua arte como uma maldição que beira o delírio persecutório. Acredita-se maldito e ele mesmo se pune.

Suas cartas de juventude ao pai mostram neste último um terror permanente: "Não se atormente – escreve Michelangelo –, sofro ao pensar que você vive em tal angústia", "Não se apavore...".

---

* Um véu pudico impedirá os biógrafos de abordar o tema antes destes últimos anos, mas como Michelangelo destruiu grande parte de sua correspondência e de seus poemas, restam apenas suposições.

Em 1521, ele terá que admitir de fato que Lodovico sofre de um delírio de perseguição: "Caríssimo pai, fiquei muito surpreso ontem ao não encontrá-lo em casa; (...) Como você pode sair repetindo por toda parte que eu o expulsei?".

Essa psicose não é hereditária? "Não tenho um tostão, estou nu... Vivo na miséria... Luto com a miséria", repete Michelangelo, parecendo acreditar no que diz, embora não seja mais pobre do que o será Giuseppe Verdi. Compra terras, como ele, e à sua morte deixará seis casas e sete domínios... Avareza? Não. Ele dá sem contar: ao pai e aos irmãos que o exploram de maneira vergonhosa; ao criado Urbino, ao sobrinho Lionardo...

Até o final, Michelangelo se privará do necessário como se estivesse se infligindo um justo castigo. Uma atitude coerente com a do artista que aceitará uma carga de encomendas desumana, trabalhando dia e noite, parecendo ele mesmo condenar-se sem levar em conta qualquer circunstância. Romain Rolland chegou a igualar essa atividade devoradora à mania aguda que evitaria a depressão fatal. Confirmando a tese de uma paranóia latente, a famosa fórmula que consta em uma carta, datada de 1515, na qual ele enuncia ao jovem irmão Buonarroto: "Não confie em ninguém, durma com os olhos abertos".

Eis um campo de investigação interessante, mas mesmo assim redutor, uma vez que tenderia a fazer do gênio um louco, limiar que foi percebido sem maiores fervores pelo pai de Michelangelo: "Antes de mais nada, cuide da cabeça...", ele escreve ao filho em dezembro de 1500. O sentimento de incompletude, do qual só o trabalho o livra, parece, por outro lado, ser existencial em Michelangelo! Ele antecipa, no homem que apenas a fé cegante de seus últimos anos curará, o desespero do *Albatroz* baudelaireano ou o suicídio de um Nicolas de Staël ou de um Rothko*.

*

---

* Rothko (1903-1970), pintor americano de origem russa; Staël (1914-1955), pintor francês de origem russa. (N.T.)

Vamos à *Pietà* de São Pedro, que permitirá a Michelangelo alcançar uma notoriedade comparável à de Leonardo da Vinci:

Um dia, Jacopo Galli apresenta Michelangelo a seu amigo Giovanni de la Groslaye de Villiers, cardeal de Saint-Denis. Este último quer deixar, de suas funções de embaixador da França no Vaticano, um testemunho para a posteridade na capela dos reis da França dentro da Basílica de São Pedro. No final do ano de 1497, ele escreve a Michelangelo pedindo-lhe para conseguir mármore de Carrara, tendo em vista a execução de uma pietà. O contrato de 27 de agosto de 1498, assinado também por Jacopo Galli e um escultor que acabou de completar 23 anos, define com precisão a referida pietà. A descrição evoca, nós já havíamos sublinhado, um tratamento do tema freqüente na escultura nórdica, mas praticamente inusitado na Itália, até mesmo na pintura.

É numa habitação sem conforto da Via Sistina, secundado nas tarefas domésticas por um jovem aprendiz de treze anos, tão feio quanto astucioso, que teve a coragem de vir de Florença a pé para encontrar o "maestro", que Michelangelo vai encontrar a solidão necessária. Os modelos se sucedem. Para Michelangelo, Maria só pode ser jovem. Ele concebe que um homem mais velho possa ser belo, mas não uma mulher. Ora, para os neoplatônicos, não há nobreza de alma sem beleza física...

Maria parecerá, pois, ter menos de vinte anos. Seu filho está na casa dos trinta e é solidamente constituído. Para carregá-lo, ela deve portanto dispor... da força que ele perdeu sobre a cruz, o que é literalmente impensável: o casal andrógino da *Pietà*, como uma aurora do mundo, é uma verdadeira provocação aos teólogos. Felizmente, o cardeal de la Groslaye morrerá em 1499, alguns meses antes de a escultura ficar pronta.

Agosto de 1499: é o final previsto do contrato. Para respeitá-lo, Michelangelo trabalhou cerca de vinte horas por dia, com a cabeça coberta, à noite, com o chapéu que ele inventou: uma espécie de barrete suficientemente sólido para sustentar um castiçal solidamente mantido por um fio de ferro. Durante semanas, ele poliu o mármore com pedra-pomes, usando de toda a sua energia, como se ele se tornasse a pedra.

É preciso imaginar a estátua, envolta em cobertas como um cofre-forte, carregada em braços masculinos ao longo dos 35 degraus que levam à entrada da basílica. É preciso imaginar o grupo de imponentes talhadores de pedra desembrulhando delicadamente uma mulher mais verdadeira, mais bonita do que a realidade, um homem parecido com eles adormecido nos braços dela, do qual quase não se percebem os estigmas...

De toda a Itália, as pessoas vêm admirar a obra esculpida numa pirâmide de mármore branco. Espantam-se que ela não exprima nem a dor insuportável das duas *Pietà* de Botticelli*, nem a calma, nem o pacífico repouso da *Pietà* de Perugino**. A pintura dos maiores mestres não alcança a presença que lhe deu Michelangelo. A forma do corpo de Cristo, seu abandono nos braços da mãe, a precisão anatômica aliada a uma espécie de movimento imóvel evocam a carne e não a pedra.

Nessa obra, Michelangelo sofreu, contudo, influências. A da primeira Renascença (*Quattrocento*) no papel primordial dado à beleza. A de Della Quercia na importância concedida aos drapeados. A de Leonardo da Vinci na relação entre personagens, a ser compreendida como uma linguagem que deve ser decifrada: a espessura do drapeado sobre os joelhos da Virgem aparece como um altar. É o enigma da vida ligada à morte, o da Incriada, oferecido ao homem como uma criação no canto XXXIII do *Paraíso* de Dante:

> *Oh Virgem mãe, filha de seu filho,*
> *humilde e mais elevada das criaturas,*
> *exemplo irretocável de um eterno conselho,*
> *você, que nossa humilde natureza*
> *tanto enobreceu, que seu criador*
> *condescendeu em se fazer sua criatura.*[4]

---

* Alte Pinakothek de Munique; Poldi Pezzoli de Milão.

** Museu dos Ofícios de Florença.

Para figurar o impensável, Michelangelo apoiou-se na incompatibilidade lógica: de pé, a Virgem ultrapassaria dois metros; o Cristo é claramente menor. Mas suas duas cabeças são da mesma dimensão. Diante dessa mulher imponente, cujos traços delicados são desprovidos do susto das *Pietà* nórdicas (esculpidas essencialmente sobre túmulos), Michelangelo teria experimentado o sentimento, por uma vez, de alcançar a eterna pureza. A seu amigo Vasari ele confia: "(...) se alguns imbecis ainda dizem (...) que a Virgem tem um rosto jovem demais, é porque não sabem ou não percebem que as pessoas virgens conservam por muito tempo o frescor de seus rostos e que o contrário ocorre aos que tiveram grandes dores, como aconteceu com Cristo".

Colocada acima da tumba do cardeal, dentro da capela dos reis da França, a *Pietà* será desalojada pela demolição da antiga basílica. Ela está, até hoje, na nova Igreja de São Pedro concebida por Michelangelo. Na fita colocada transversalmente no drapeado sobre o peito de Maria, pode-se ler: AGELUS . BONAROTUS . FLORENTIN . FACIEBAT ("Michelangelo Buonarroti fez isto" para traduzir em linguagem clara a expressão latina aproximada e manifestamente traçada às pressas).

Por que Michelangelo gravou seu nome na estátua, coisa que ele nunca mais fará depois? Ele não havia assinado na ocasião da instalação. Porém, numa tarde em que passeava dentro de São Pedro, viu uma família de lombardos diante da *Pietà*. O pai disse bem alto:

– Olhem! É a obra de nosso "Corcunda" de Milão*!

A Ceia de Leonardo da Vinci... a *Pietà* de Michelangelo: duas obras que constituem um momento essencial da história da arte. Para o tratamento novo do tema, assim como para o poder de evocação da alma, elas encarnam o fim da primeira época do Renascimento na Itália (imitação da natureza) e o início do *Cinquecento* chamado de "Renascença clássica".

---

* O escultor milanês Cristoforo Solari.

A "luz sobre a praça"

Na primavera de 1501, Michelangelo volta a Florença, a cidade onde acredita encontrar a "luz sobre a praça" que representa a seus olhos a liberdade, as raízes que fazem circular a seiva da inspiração, e uma felicidade à qual aspira, mas que jamais alcançará.

A praça da Signoria mudou bastante. A estátua de *Judite e Holoferne* exibe sua massa negra como uma injúria no céu resplandecente que faz correr reflexos de um azul suave sobre a *pietra serena* (pedra que contém mica e quartzo, de que é feita a maior parte dos palácios de Florença). No pátio do palácio, o *David* de Donatello, roubado dos Medici, parece aviltado, reduzido a um troféu como os que antigamente eram dados ao final dos torneios ou dos combates sórdidos, quando cervos eram atirados aos leões furiosos para distrair a turba... Nas janelas que cintilavam com todos os ouros, os Pazzi foram enforcados diante da multidão descontrolada quando Michelangelo tinha três anos; naquela praça Savonarola sofreu o mais aviltante dos suplícios...

Quando pensa em Savonarola, Michelangelo torna-se sombrio. Somente esculpindo seu *David* (o que vai ocorrer mais adiante) conseguirá suportar a lembrança do fim atroz do prior de San Marco.

O mais terrível é que ele mora a dois passos da praça que tanto amava, no luxuoso apartamento que seu pai comprou com as somas enviadas por ele de Roma. O desgosto, hoje, envenena seus dias e suas noites. E se ele procurasse uma habitação do lado da Badia, no bairro dos artesãos?

A recente alergia ao bairro da Signoria duplica com um mal-estar familiar: seu pai e seus irmãos ainda lhe pedem ajuda financeira. "Fico contente de saber que você está se cobrindo de glória – escreveu-lhe recentemente Lodovico –, mas ficaria ainda mais se isso viesse acompanhado de algum lucro." A "luz sobre a praça", Michelangelo compreendeu, será doravante inseparável da solidão.

Da pequena praça que escolheu, Michelangelo pode admirar o campanário da Badia. Um sapateiro acaba de liberar sua lojinha, um ateliê vazio e bem exposto. Ele a aluga, manda buscar Argiento, seu adorável aprendiz de Roma. Serras, martelos, plainas: o barulho, na pracinha, é ensurdecedor. O forte odor dos curtumes se mistura ao das aparas de madeira e das tinturas. Os vermelhos, os verdes, os azuis explodem como numa paleta viva ao calor do sol de junho: Michelangelo escolheu uma nova "praça", ele vai poder trabalhar.

Em Roma, a política versátil do papa Alexandre VI Borgia não deixava nenhuma esperança de mecenato. Em Florença, felizmente, os amigos dão-lhe a esperança de uma encomenda importante: trata-se do famoso "bloco de Duccio" que continua no canteiro do domo, estragado pelo infeliz escultor Duccio, e que se tornou um mito para os florentinos.

Piero Soderini, eleito *gonfaloniere* da cidade com a queda dos Medici, teve muitas vezes a intenção de mandar entregar esse mármore a Leonardo da Vinci. Mas, por enquanto, a maioria do Conselho inclina-se para um certo Andrea Contucci dal Monte Sansovino, excelente escultor que acha, contudo, bem difícil fazer com ele o que quer que seja sem acrescentar pedaços.

O bloco aguarda há mais de trinta anos no pátio da catedral. Tem mais de cinco metros de altura, é um mármore de Carrara de um branco perfeito, porém furado entre as pernas e, retomando a expressão de Vasari, "todo contorcido e todo estropiado". Michelangelo, informado de que Leonardo da Vinci se recusou a concorrer pela atribuição do bloco sob o pretexto de que a escultura é "uma arte menor", concorda em trabalhá-lo sem lhe acrescentar nada.

Sua fama é tamanha depois da *Pietà* que o Conselho dos trabalhos do Domo (comissão encarregada da construção da catedral) e a Guilda da Lã* lhe atribuem o aproveitamento do gigante.

---

* Associação dos tecelãos. A indústria têxtil é um aporte financeiro essencial para a república de Florença.

Nessa ocasião, Michelangelo encontra o *gonfaloniere*, um homem íntegro, diz ele, mas "inquisidor, rapace e esverdeado"; razão suficiente para se considerar um Apolo. O contrato garante-lhe uma soma mensal substancial (seis florins). No dia 13 de setembro de 1501, no galpão montado nos canteiros do Domo, Michelangelo, tranqüilizado dessa vez sob todos os pontos de vista, empreende a execução da estátua do jovem *David*.

O *David* representa a seqüência simbólica do grupo escultório de Donatello: Judite encarnava a luta sangrenta contra a tirania, enquanto David representa a coragem e a força serena, em outras palavras, a virtude cívica. David defendeu seu povo e governou-o com eqüidade; esperava-se do governo de Florença a mesma coragem e a mesma probidade.

Pode-se ver a origem provável do *David* em *A força* (1260) de Nicola Pisano, pequena estátua de Hércules sustentando um ângulo do púlpito do batistério de Pisa. Contudo, Michelangelo tratou o tema de Hércules independentemente de qualquer alusão teológica. Sua monumentalidade, sua espiritualidade permitem falar, como no caso da *Pietà* de Roma, de renovação radical de um tema antigo. Nenhum parentesco com os *David* de Donatello (1450) ou de Verrocchio (c. 1474-1475), assassinos do Golias bíblico orgulhosamente plantados sobre a espada da vitória. O *David* de Michelangelo personifica a energia, o poder de concentração, a vigilância. O rosto de belo Apolo está virado para o lado onde ele pressente o perigo. A mão esquerda, parecendo se oferecer, segura a funda; o punho direito contra a coxa retoma a representação do pólo ativo e invulnerável da Idade Média.

*

Fé, esperança, coragem: *David* fala claramente à cidade de cujas provações Michelangelo ouviu falar por seus amigos da comunidade florentina de Roma. Para esculpir sua alegoria da liberdade, o escultor precisou agüentar o insuportável. A história começa como uma quermesse de loucos:

No ano seguinte ao de sua partida, em 1494, os *Popolani* ("choramingas"), majoritários no Grande Conselho, manipulados por Savonarola, coroaram Cristo rei de Florença. Brigadas de jovens, até mesmo de crianças, armados de lanças, encarregaram-se da moralidade pública. O carnaval que antecede a quaresma foi transformado em festa religiosa em 1497, quando ocorreu a primeira "fogueira das vaidades". Na praça da Signoria, os milicianos de Cristo empilharam todos os objetos que simbolizavam o prazer: jogos, imagens pretensamente licenciosas, o *Decâmeron*... Foram vistos Botticelli atirando quadros no fogo e o pintor Baccio Della Porta se fazendo dominicano sob o nome de Fra Bartolomeo (devemos a ele o emocionante retrato de Savonarola que está ainda hoje em sua cela de San Marco).

Contra tais excessos, a oposição se organizou: partidários dos Medici e até mesmo opositores nobres (como os Pazzi), apelidados de *Arrabbiati* ("cães enfurecidos"). Eles descobriram no sinistro Alexandre VI Borgia um aliado. Irritado por ser continuamente apresentado como o Anticristo pelo prior de San Marco, o papa convida Savonarola para uma "conversa" em Roma. O monge recusa. Começa a escalada: excomunhão mútua, proibição de pregar*; segunda "fogueira das vaidades"; ameaça do Vaticano de excomungar Florença; derrubada da Signoria favorável a Savonarola e eleição de um novo Conselho; prisão do dominicano e de seus colaboradores próximos por um bando de *Arrabbiati*.

Uma comissão nomeada pelo Conselho é encarregada de fazê-lo confessar que suas profecias não são de inspiração divina. Savonarola se recusa. É levado à tortura: cavalete e roda. Por três vezes ele se recusa a assinar as confissões. Aceitará no final de quarenta dias, "semimorto, mas ainda não

---

* Savonarola celebra três missas; escreve aos chefes de Estado e aos homens da Igreja de toda a Europa, pedindo-lhes para convocar urgentemente um concílio para julgar os Borgia. Um espião do papa leva uma cópia da carta para Alexandre VI.

suficientemente", murmurava Jacopo Galli no ouvido de seu Michelangelo horrorizado!

O monge será finalmente condenado à forca e queimado em praça pública. No mesmo dia, Alexandre VI assina um acordo com a Toscana; vai pagar-lhe o imposto de três porcento sobre os bens da Igreja.

No dia 23 de maio de 1498, Savonarola e seus dois mais próximos colaboradores, irmão Domênico e irmão Silvestro, são conduzidos à praça da Signoria. "Ao local exato da fogueira das vaidades", esclarecia Jacopo.

– Imagine, Michelangelo: arrancaram-lhes as roupas de monge, passaram-lhes uma corda e uma corrente no pescoço*!

Michelangelo imagina: três corpos se balançam dentro das chamas, jovens *Arrabbiati* lhes atiram pedras.

– Contaram-me que o carrasco, absorvido por aquelas pantomimas grotescas aplaudidas com altos gritos pela multidão na praça, demorava a acender a fogueira. Savonarola estava, pois, completamente morto quando as chamas lamberam seu braço direito... Imagine, Michelangelo, imagine só! O braço do morto se levanta lentamente, a mão se abre, e dois dedos abençoam a multidão.

– Cale-se, Jacopo!

– Não, Michelangelo. A história do dominicano é a de Florença: o sentido do pecado inseparável do gosto pela profanação; o amor pela festa indissociável do amor pelo sangue. Savonarola já havia anunciado tudo: "Eles se apoderarão dos justos e os queimarão no meio da cidade; e o que o fogo não consumir, e o que o vento não conseguir levar, vão atirar dentro do rio".

O fim de Savonarola é um pesadelo repetido sem cessar, do qual Michelangelo desperta com a garganta seca, incapaz de articular um grito. O Grande Conselho sobreviveu aos acontecimentos. Mas a ameaça que César Borgia fez pesar sobre ele em 1502 foi uma advertência salutar: foi preciso comprar os favores de César (36 florins por ano durante três

---

* Os fatos são atestados por uma gravura da época que mostra o suplício.

anos, seu "soldo de capitão dos exércitos florentinos"), o que não o impediu de acampar às portas da cidade, depois da sublevação de Arezzo contra o opressor florentino. Quem se esqueceu das escadas manchadas de preto pelas sentinelas em guarda junto das muralhas? Durante semanas foi preciso vigiar o inimigo!

A situação era tão grave e o peso do aparelho democrático tamanho, que foi necessário eleger o mais depressa possível um executivo, na pessoa do gonfaloneiro Piero Soderini, chefe de uma família poderosa.

– Um político exemplar, este Soderini – pensa Michelangelo: escolher como conselheiro e enviado diplomático justamente Maquiavel... A ajuda de Luís XII* foi essencial... No entanto, sem Maquiavel, César Borgia teria virado as costas... Mesmo contra um pacote de ducados!

*

O escultor se pergunta: como a Guilda da Lã, encarregada de fornecer a fortuna exigida por César, ainda consegue honrar as artes? E ele não é o único artista protegido por ela! Na ocasião da invasão francesa de Milão, em 1499, ela trouxe para Florença seu pior rival: Leonardo da Vinci...

Michelangelo ficou profundamente impressionado com o rosto de Maquiavel, o autor de *O príncipe*, que ele encontrou na Signoria: traços de uma delicadeza quase feminina, como se fossem feitos de luz e sombra, olhos de um negro impenetrável, imóveis sobre um sorriso que não descerrava os lábios delgados.

– A mesma família de rostos de César Borgia – concluiu o jovem artista.

Informam-lhe que Maquiavel é um secretário obscuro, mas muito ouvido pelo Grande Conselho. Secretamente fascinado por César Borgia**, com o qual compartilha a idéia de

---

* A França é aliada de Florença.

** Tomou-o como modelo de seu *O Príncipe*.

constituir um único exército para toda a Itália, teria tido com ele várias conversas amistosas. Afinal de contas, Florença é uma cidade pró-francesa, e César tem necessidade dos franceses.

César Borgia e Leonardo da Vinci são indissociáveis no espírito de Michelangelo. Durante três anos, o florentino Leonardo, deixando a *Mona Lisa* inacabada e não se deixando perturbar por questões existenciais, mudou de ocupação temporariamente para experimentar suas novas máquinas de guerra. Durante três anos, ele foi o engenheiro militar de César Borgia, cujo cinismo na condução dos exércitos pontificais é lendário. Como prova de sua absoluta bondade, César não chegou a pedir, com sua voz mais doce, uma faca de açougueiro a fim de cortar em dois pedaços, em praça pública, seu ministro Rémi d'Orque, culpado apenas de ter seguido sua ordem de devastar a Romagna*?

Para Michelangelo, Leonardo da Vinci é um oportunista, chegando a ser um traidor**. Contudo, sente-se orgulhoso ao vê-lo entre os artistas que, no dia 25 de janeiro de 1504, reúnem-se dentro da catedral para escolher o local de instalação do *David*, finalmente terminado. Além de Leonardo, a assembléia de pintores inclui Botticelli, Andrea Della Robia, David Ghirlandaio, o Perugino, Filippo Lippi e Francesco Granacci, amigo de infância de Michelangelo. É preciso acrescentar ao grupo os escultores Rustici, Sansovino e Betto Buglioni, os arquitetos Simone Del Pollaiuolo e Giuliano e Antonio da Sangallo, além de carpinteiros, bordadores, iluminadores... e até o fundidor de canhões Ghiberti.

---

* Os fatos são atestados por Maquiavel no capítulo VII do *Príncipe*. O autor conclui: "A ferocidade desse espetáculo deixou todo o povo ao mesmo tempo contente e estupefato". Compreende-se que César Borgia não tenha tido a longa vida que teria permitido realizar seu sonho: a constituição de um "Reino dos Borgia". Odiado por todos, e refugiado na corte de Navarra sob o reinado de Júlio II, morreu simples soldado, na mais deplorável das escaramuças.

** O julgamento é um pouco apressado: Leonardo não declarou em seus *Carnês* ter se recusado a divulgar qualquer descoberta que pudesse servir para fins de guerra?

Sempre descontente consigo mesmo, o escultor se vê obrigado a admitir o valor representado pelo *David* aos olhos dos florentinos. Ao lhe relatar a reunião, seu amigo Granacci tinha lágrimas nos olhos:

– Era de quem falasse mais alto, e por isso não se ouvia mais ninguém. Foi preciso eleger, levantando a mão, subcomitês, você conhece os florentinos... e o voto final coincidiu com a sua própria escolha, Michelangelo: o *David* substituirá, na entrada do palácio da Signoria, *Judite e Holoferne* de Donatello.

Preferiram Michelangelo a Donatello! E a consagração é ainda insuficiente! O "divino" artista vai de surpresa em surpresa: é para quem conseguir a honra de conceber soluções para conduzir sem estrago, até a praça, a maior estátua já vista. O arquiteto Giuliano da Sangallo sustenta a idéia de uma espécie de gaiola; seu irmão Antonio esboça no ar grandes gestos de braço, todos prestam atenção: trata-se de uma enorme rede, uma rede móvel suspensa dentro da gaiola para manter o gigante de pé, ao mesmo tempo amortecendo os choques.

Todo gritam, risos explodem, trocam-se encontrões como num pátio de escola.

– Onde está Leonardo?

Tão logo começada a sessão, Leonardo da Vinci esquiva-se polidamente: a "viagem" do *David* não é desinteressante, mas esse desencadeamento de paixões é pouco compatível com sua natureza delicada. Em seus *Carnês*, ele registra somente esta expressão enigmática colocada entre dois pontos: "A corrente de Michelangelo", como uma das coisas a pensar, ou a fazer, cuja lista, pontuada de respirações, permite evocar o *Inventário* de Jacques Prévert.

Os carpinteiros levarão cerca de quatro meses para confeccionar a gaiola sob a direção dos irmãos Sangallo. O comitê inteiro está ali naquela manhã de maio em que foi derrubada a parede do galpão. Envolto em suas redes, o *David* será içado com a ajuda de enormes guindastes para o interior da sua morada. Ninguém pergunta mais onde está Leonardo. Michelangelo lembra-se de sua observação de três meses atrás. Sem abandonar o ligeiro sorriso que tanto o irrita, da Vinci pronunciou esta fórmula definitiva: "A escultura que tem por si a duração não precisa sobrepujar em mais nada".

Serão precisos quatro dias e quarenta homens para encaminhar a imensa gaiola dos canteiros do Domo à praça da Signoria. Quatorze cilindros de madeira são utilizados para a operação. Assim que um cilindro é liberado, as pessoas se precipitam para carregá-lo para frente na ruela que foi aplainada durante semanas.

Na segunda noite do transporte, desconhecidos quiseram estragar o mármore atirando-lhe pedras. Partidários dos Medici? Puritanos que consideram repugnante um nu ter sido escolhido como centro vital da cidade? Os grupos se revezam a cada noite para espreitar em torno do colosso. Ele só será desvelado em 8 de setembro. Toda a Florença aclama Michelangelo, reconhecido como o maior escultor italiano.

Por seu extraordinário poder, pelo brilho de sua determinação, *David* encarna aos olhos dos florentinos a *terribilità* que se atribui na mesma ocasião a seu escultor. Alegoria cívica, o colosso é de inspiração grega, e não mais hebraica. Homem na força da idade, é "mais que homem" pelo indizível que emana dele: é o homem "ideal" ou, para retomar os termos platônicos, a pura "Idéia" de homem.

Essa aliança do visível e do invisível, que faz a genialidade de Michelangelo, supõe um retorno preciso à filosofia platônica que será sua até o fim. Para Platão, a realidade sensível provém de um puro inteligível do qual guardamos confusamente a lembrança. A vida consiste em encontrar essa "Idéia" através do Belo, do Bem e do Verdadeiro. As três etapas devem ser cumpridas nessa ordem: três etapas cujo catalisador é o amor, que se aproxima da etimologia de "alma" (o que move). Compreende-se melhor a admiração dos lourencianos pela estatuária antiga: o belo corpo deve despertar não a sensualidade, mas o apelo do além.

O epíteto de "Divino" decerto lisonjeia Michelangelo. Entretanto, ele permanece consciente da longa viagem iniciática que lhe é atribuída e da qual manterá sempre a convicção de que não está à altura: "Ele tinha tanta imaginação e tão perfeita", nota Vasari, "e as coisas que lhe vinham à cabeça eram tais que, não podendo produzir com suas mãos tão grandes e tão terríveis concepções, freqüentemente abandonava obras começadas, além de quebrar bom número de outras." E Condivi observa em eco: "Contentou-se pouco com suas obras e sempre as rebaixou".

*

Da escultura do *David*, pode-se induzir de que maneira trabalha o escultor. Infelizmente, nenhum instrumento utilizado na Renascença para a talha do mármore foi conservado, mas parece, de acordo com as *Cartas*, que eles eram praticamente os mesmos que os nossos: a "maça" (espécie de martelo) permitia adelgaçar o bloco, desbastado ainda por "ponteiros" que raspavam a pedra como uma pele doente; o "gradim", utilizado em seguida para esculpir detalhes, tinha uma ponta com dentes de serra muito afiada; utilizava-se em seguida o "cinzel", parecido com uma espátula metálica; finalmente, o polimento era realizado com a "grosa", espécie de tesoura de duas lâminas.

Michelangelo dá prioridade absoluta ao desenho, sobre esse tema os depoimentos abundam, e seu domínio do desenho a giz e à pena é surpreendente. Contudo, ele destruiu antes de morrer todos os croquis de estudos em seu poder por julgá-los imperfeitos: "A pintura e a escultura me levaram à ruína (...)", ele deplora em uma de suas últimas cartas. Conservaram-se apenas os desenhos considerados concluídos, como *A queda de Phaeton*, executado por seu amigo (e amante?) Tommaso dei Cavalieri*, ou o *Esboço para o David de bronze e outras*

---

* Herdeiro de uma família patrícia de Roma que se torna o aprendiz de Michelangelo em 1533. Considerou-se durante muito tempo que os poemas a Cavalieri eram dedicados a uma mulher.

figuras, contemporâneo do *David* de mármore. Croquis como esses nos ajudam a melhor seguir a encarnação de um projeto que será sempre o de traduzir o movimento através da imobilidade.

Feito geralmente diante de modelo-vivo, um desenho é raramente a expressão de um projeto único. Para retomar o último exemplo, o *Esboço para o David de bronze* é próximo do braço do *David* de mármore e de um verso de Michelangelo (*Davide colla fronba io coll'arca*: "David com a funda e eu com o arco") encimado por uma citação de Petrarca ("A alta coluna está quebrada e ressecada a vegetação"). Tomando emprestada uma palavra do vocabulário da arte contemporânea, Michelangelo, nesse caso, próximo de seu inimigo Leonardo, conclui um percurso que ainda nos resta ler*, dissemina na página os diferentes estratos de um sentido (que nós podemos supor que seja simultaneamente erótico e espiritual).

Depois de reunir uma quantidade de croquis (circulando em volta de uma estátua, ele repete, temos quarenta pontos de vista), o próximo passo de Michelangelo é executar uma maquete de argila em escala, cujas medidas e cujos volumes são levados ao bloco de mármore com a ajuda de um "definidor", disco graduado colocado como um chapéu sobre a cabeça da maquete. Numa pequena régua que gira em torno do disco estão suspensos fios a prumo que podem deslizar, permitindo medir os ângulos, as distâncias, as espessuras, como sobre um gráfico. Um "segundo definidor" colocado sobre o topo do bloco de mármore permite transferir para ele as medidas.

Só então Michelangelo ataca o mármore, marcando as saliências do personagem (no caso do *David*, o pé esquerdo, o joelho esquerdo, o punho direito, o ombro esquerdo...) com a

---

* *A Virgem nos rochedos* de Leonardo ou o *Juízo final* de Michelangelo nada deixam a desejar em relação aos percursos indicados por flechas de Paul Klee no século XX. Igualmente se poderia estabelecer uma correspondência entre os desenhos de da Vinci, acompanhados de estranhos comentários escritos ao contrário (mesmo que recorramos ao espelho, o sentido nos escapa), e a associação enigmática do desenho e da palavra nas *Cartas* ou nos *Esboços* de Michelangelo.

ajuda de pregos enfiados no bloco. Ele estabelece em seguida as linhas de força (por exemplo, do joelho esquerdo ao torso, depois à barriga). Quantas vezes ele escreveu: é o mármore que anima seu cinzel, como se animasse o corpo que é prisioneiro dele:

– Ele faz voar mais estilhaços em um quarto de hora do que três talhadores de pedra em uma hora! – exclama uma testemunha.

O escultor agora trabalha num ritmo febril, aceitando uma quantidade suficientemente grande de encomendas sem nenhuma avaliação de tempo ou de força. "Sua devoradora energia – diz Condivi – separa-o quase completamente de qualquer sociedade humana."

O tempo e o mármore

Como Leonardo da Vinci, Michelangelo quer ser tudo: engenheiro, pintor, escultor, talhador de pedra. Mandará embora a socos os aprendizes da Sistina, quer fazer tudo sozinho. Assim como não tem tempo para conceder a si mesmo, não tem tempo para os outros. É um círculo vicioso: Michelangelo suporta a estafa que ele próprio se inflige como uma danação e sofre com isso, carregando com ele a tristeza de que os outros fogem.

Ele não é bonito. Se exibisse as roupas suntuosas e a indiferença desdenhosa que são talvez, em Leonardo, uma ostentação*, seria tachado de bufão. O único artista de Florença que poderia rivalizar com sua solidão e suas vinte horas de trabalho por dia é estrangeiro: não só devido ao desinteresse absoluto de da Vinci e ao ceticismo que o conduz a freqüentar César Borgia, mas também porque o pintor da *Mona Lisa*, que é igualmente inventor de estranhas máquinas volantes, ousa ficar sozinho consigo mesmo até em suas mais sombrias fantasias.

Michelangelo foge também. Ele não pára de escrever. A criação é para ele ao mesmo tempo uma felicidade e um inferno, uma redenção e a prova insuportável de sua imperfeição. Do ponto de vista de sua obra, ele é "supérfluo". Sua vida, antecipando a expressão de Cioran** quase meio milênio mais cedo, é "um longo processo de decomposição": através de cada estátua, através de cada afresco, por não ser o Deus no qual nunca deixará de acreditar, ele morre um pouco a cada dia.

---

* Leonardo queria tentar apagar, com sua elegância e com a nobreza de seus hábitos, o fato de ser filho natural da filha de um albergueiro de Vinci? A Condivi, um tanto surpreso, Michelangelo confia, concluindo: "A arte deveria ser exercida por nobres, e não por plebeus".

** Filósofo francês de origem romena (1911-1995), desenvolveu uma filosofia existencialista. (N.T.)

A preocupação de manter os compromissos que hipotecam cada vez mais anos de sua vida envenena os pensamentos do artista, mas ele não se livra disso a não ser através da excitação proporcionada por um trabalho maníaco. Ele, que não se tolera, reproduz constantemente uma situação intolerável.

O mesmo acontece com o amor. Por se sentir indigno de ser amado*, ele não o será. Podemos chamar de amor sua amizade "em Deus" com Vittoria Colonna, sessenta anos passados?

A Igreja da Renascença considera a homossexualidade de forma ambígua: tolerância nova** rapidamente freada por um puritanismo oriundo de Lutero. Michelangelo, através de desenhos, cartas, poemas, destruídos antes de sua morte, deve ter desejado, entre outras coisas, apagar os traços de uma homossexualidade bem mais real do que deixa transparecer, traços que nós poderíamos tentar decifrar, como distração, na interpretação bíblica que nos é proposta pela Sistina. Mas teria ele admitido a atração que sentia por rapazes, teria chegado a ter tempo de experimentar a duração necessária para se consagrar a uma verdadeira ligação?

O exagero de encomendas aceitas por Michelangelo segue uma verdadeira lógica de "drogado": exatamente antes do *David*, ele aceita uma encomenda do cardeal Piccolimini de quinze estátuas destinadas à catedral de Sienna (só vai entregar quatro, deixando as outras aos assistentes); durante o trabalho, esculpe um *David* em bronze com o qual o marechal francês Pierre de Rohan quer fazer concorrência ao *David* de Donatello (a obra se perdeu); talha no mármore uma *Virgem com o menino*, dita *Madona de Bruges*, que influenciará o jovem Rafael; executa três versões do *tondo* florentino (medalhão imenso que representa a Virgem com o menino), chamados pelo nome de quem fez as encomendas. Gosto pelo desafio? Medo do vazio?

---

* "Meu caro senhor, não se irrite com o meu amor...", escreve ele a Tommaso dei Cavalieri.

** A redescoberta das antigüidades e do amor pelos meninos em Platão.

Dois *tondi*, inacabados por causa da partida para Roma em 1505, são altos-relevos de mármore: o *Tondo Taddei*, inspirado no cartão da *Virgem com o menino e com santa Ana,* de Leonardo da Vinci, exposto em Florença em 1501, o *Tondo Pitti*.

O terceiro *tondo* ou *Tondo Doni* (1503) merece uma atenção particular. É a única obra pintada datável de Michelangelo antes dos afrescos da Capela Sistina. Seu grupo escultório central parece esculpido. Por seu contorno preciso e suas formas em plena luz, ele faz também referência a Leonardo, mas de maneira negativa. Como se Michelangelo tivesse desejado medir-se com seu colega mais antigo, demonstrando a inutilidade do *chiaroscuro* ("claro-escuro") ou do *sfumato* (procedimento que consiste em esbater os contornos com um sutil *dégradé* de cores) para guiar o olhar do espectador.

A misteriosa *Madona de Manchester*, dificilmente atribuível a um outro artista que não Michelangelo (ele é o único pintor do final do *Quattrocento* a representar os anjos sem asas), é manifestamente mais antiga: pintada *a tempera* sobre painel à maneira de um Giotto, teria sido realizada antes da partida de Michelangelo em 1496, quando ele tinha apenas dezenove anos. Mais uma obra a ser decifrada... Por que um dos dois anjos tem algumas penas sobre o ombro, e o outro não? O anjo sem asas é assimilável ao homem libertado de seu corpo, tal como sugerem os dois pares de contornos idênticos que cercam a Virgem: um claramente encarnado, o outro reduzido ao jogo surpreendente de luz e sombra designado pelo dedo do anjo semelhante a nós, para além do livro sobre o qual a *Madona* tem os olhos baixos?

*

O estilo de vida de Michelangelo continuará o mesmo que à época do *David*: ele vive modestamente, engolindo às pressas um naco de pão e um copo de vinho, resmungando sem cessar e segurando a maça, o cinzel ou a pena.

– Como é que ele faz para ocupar suas duas mãos ao mesmo tempo? – murmura um aprendiz.

– A esquerda segura o *fusain*... neste momento é a direita – observa um outro.

Michelangelo tem orgulho disto: ele é tão hábil com uma mão quanto com a outra. Nós diríamos hoje que ele é ambidestro (como Leonardo da Vinci, que escreve ao contrário sem problemas), o que lhe permite trabalhar dobrado. À noite, adormece como quem cai, três horas, quatro horas no máximo, todo vestido e de botas, de acordo com uma medicina improvisada: os cordões interiores de uma botina comprimem as veias da perna e ajudam a circulação sangüínea...

Um dia, ele tem uma "subida de sangue" e é preciso cortar as botinas. Ao retirá-las, a pele vem "como a de uma serpente[5]". Imagina-se que tenha mandado um menino lhe arranjar outras, que ele recolocou cerrando os dentes, como Pascal fez com seu cilício.

A higiene de Michelangelo é pavorosa. Até seu pai reclama, ele que, contudo, dera, no meio de uma carta de dezembro de 1500, este surpreendente conselho de higiene:

"Antes de mais nada, cuide de sua cabeça, mantenha-se moderadamente aquecido, *e jamais tome banho*: limpe-se *e jamais tome banho*".

O velho Lodovico, na mesma carta, é profético:

"Enquanto você for jovem, tudo correrá bem; porém quando você não for mais jovem, as doenças e as fraquezas aparecerão".

A correspondência de seu filho descreverá cerca de quinze doenças graves: enxaquecas oftálmicas, depressões, febres reumáticas, cólicas nefrálgicas, gota, congestão cerebral, úlcera de estômago, crise cardíaca, dor de dentes... sem contar uma fratura da perna ao cair do andaime da Sistina.

Michelangelo deveu a seu feliz destino os 89 anos de vida (longevidade raríssima naqueles tempos de epidemias de peste, de malária, de coqueluche, de varíola, de sífilis)? Teve que agradecer à sua teimosia de camponês o fato de jamais ter se deixado cuidar por um médico?

As contradições de seu temperamento se agravarão ainda mais com a idade. Nós já mencionamos sua desconfiança quase patológica. Ela aumenta com a necessidade de afeição que o leva à hipérbole: seu jovem amigo (e presumido amante) Tommaso dei Cavalieri, belo como um atleta saído vivo de um mármore antigo, de olhos claros e cabelos de um castanho quase preto, é *simpatico* (simples, delicado: "sedutor"), evidentemente, mas como ver nele o "poderoso gênio" saudado em uma carta de 1533?

Michelangelo atrairá bom número de inimigos com seu gosto pelo sarcasmo. Não sabe resistir a um jogo de palavras que pode chegar à crueldade. Um dia, um pintor lhe pergunta o que ele acha de sua *Pietà*:

– Ela dá de fato pena de se olhar – responde Michelangelo, todo contente com seu achado.

Sua reserva se alterna com crises de cólera.

Saboreemos sua troca acerba com Leonardo da Vinci em uma rua de Florença... Humanistas que discutiam uma passagem de Dante interpelam Leonardo para que ele esclareça o sentido. Nesse momento, Michelangelo passa.

– Michelangelo explicará a vocês os versos de que falam – responde Leonardo.

Michelangelo, acreditando-se vítima de chacota, replica:

– Explique-lhes você mesmo, você que fez o modelo de um cavalo de bronze e que sequer foi capaz de fundi-lo, mas que, para sua vergonha, parou no caminho!

Leonardo corou, mas não respondeu. Michelangelo, ainda fervendo, lança-lhe:

– E esses milaneses capões que acreditavam que você fosse capaz de fazer uma obra dessas*!

---

* Relato de um contemporâneo, *Anonyme de la Magliabecchiana*. O cavalo de bronze faz alusão à estátua eqüestre de Francesco Sforza, pai do duque de Milão, da qual só restam alguns esboços e que nunca será carregada no bronze. Seu modelo em gesso foi destruído em 1499 na ocasião da rendição de Milão a Luís XII.

A timidez de Michelangelo transforma-se em audácias legendárias, como seu poema dirigido ao papa Júlio II, cuja intenção feriu-o:

> *Senhor, se algum provérbio é verdadeiro,*
> *É com certeza este que diz:*
> *Quem pode nunca quer.*

Sua segurança é o inverso de um auto-escárnio que culmina nestes sonetos nos quais se descreve:

> *O coração de enxofre, a carne de estopa,*
> *Ossos parecidos com madeira seca,*
> *A alma sem brida e sem freio.*

Com menos de trinta anos, a tendência de Michelangelo à solidão é agravada pelo desgosto profundo com sua própria feiúra, primeira razão para odiar Leonardo, "homem de bela aparência, de maneiras afáveis e distintas", que aparece para um cronista da época vestido com elegância "com uma túnica rosa, caindo até os joelhos; sobre o peito (...) a barba bem frisada e penteada com arte". Um retrato de François de Hollande representa, em contraposição, Michelangelo com um ar inseguro, todo vestido de preto, na cabeça um chapéu de feltro preto excessivamente enterrado, um manto romano sobre o ombro. Escutemos Vasari:

"Ele tinha o rosto redondo, a testa quadrada e larga e têmporas que ultrapassavam sensivelmente as orelhas, que eram grandes e destacadas das bochechas. O corpo era proporcional à face e razoavelmente alto. O nariz era um pouco achatado, como dissemos ao contar a vida do Parmigiano, que o quebrou com um soco. Tinha os olhos um tanto pequenos, de uma cor turva, manchada de pontos brilhantes amarelos, poucos cílios nas pálpebras, lábios finos, o de baixo mais grosso e avançando um pouco, a barba, assim como os cabelos, preta, bastante curta, de duas pontas e pouco abundante."

*

O Grande Conselho, felizmente, não julga de acordo com a cara. Em abril de 1503, antes mesmo de o *David* estar inteiramente acabado, os conselhos das obras do Domo e da Guilda da Lã reúnem-se de novo e decidem encomendar a Michelangelo doze estátuas dos apóstolos para a catedral para serem entregues à razão de uma por ano. Oferecem-lhe ao mesmo tempo uma casa e um ateliê do qual ele se tornará proprietário, conforme o ritmo de seu trabalho.

O *Mateus*, mal começado, permanecerá inacabado devido à partida do artista para Roma em março de 1505, e o contrato será cancelado no final do ano. Mas a escultura, como um titã lutando contra a ganga do mármore, oferece uma ilustração magistral da maneira como Michelangelo procedia, da frente em direção ao fundo do bloco, como se o personagem saísse lentamente da pedra.

O *Mateus* é também interrompido por uma encomenda do gonfaloneiro Soderini, que, por um pedido insistente de Michelangelo, louco para se comparar a da Vinci, convenceu o Grande Conselho a fazer dois artistas participarem, em partes iguais*, da decoração da sala de reunião do palácio da Signoria. Pinturas murais monumentais contarão a história heróica de Florença. A partir do começo de 1504, Leonardo da Vinci começou o cartão de *A Batalha de Anghiari*, ataque de cavalaria ocorrido em 1440 contra um importante destacamento milanês. O afresco ocupará a parte direita da parede. Ele valorizará seu conhecimento proverbial de cavalos.

No outono de 1504, Michelangelo começa o cartão da parte esquerda da parede. Ele escolheu *A Batalha de Cascina*, um episódio da guerra de Pisa de 1374: sir John Hawkwood e seus mercenários ingleses surpreendem quatrocentos florentinos tomando banho no Arno, mas a sentinela previne a tempo o capitão Malatesta... Com um tema desses, Michelangelo pode fazer valer seu domínio do nu "vivo".

---

* Michelangelo, mortificado, aceita contudo ser pago três vezes menos do que seu rival.

Enquanto Leonardo executa seu cartão no vasto ateliê de Santa Maria Novella, a Michelangelo, cheio de ressentimento (seu ateliê da Badia é bem pequeno), é atribuído o sinistro Hospício dos Tintureiros*. É possível que Leonardo e ele não tenham se encontrado a despeito do objetivo comum, mas a situação sugere que a distância era mais importante para a paz dos dois "concorrentes".

Na sua infelicidade, Michelangelo tem sorte: se, por um lado, a parede do comprido quarto onde realiza seu cartão é agora claramente grande demais (sete metros por dezenove), por outro, as janelas dão não apenas para a rua dos Tintureiros (bem perto da casa de sua família quando ele era criança), mas também... para o Arno, um dos elementos essenciais do afresco.

Um problema maior, contudo, subsiste: como respeitar exatamente as dimensões da Sala do Conselho? *A Batalha de Cascina* é uma proeza no gênero. Desenhada sobre uma longa tira de papel grosso, foi em seguida recortada em pequenos quadrados trabalhados um por um. Só serão colocados juntos pelo especialista Salvadore dois dias antes da abertura das portas do Hospício para o público, no dia 1º de janeiro de 1505. Com a ajuda de diversos homens, dentre os quais Granacci, a larga banda de papel foi esticada sobre uma moldura que encheu uma boa parte da parede do fundo. Michelangelo, sarcástico, e por uma série de associações que serão desenvolvidas mais adiante, chama-os de *Os banhistas*.

Foram necessários apenas três meses para Michelangelo realizar esse trabalho, enquanto Leonardo precisou de doze! Sem contar que Michelangelo e o pequeno Argiento tiveram que encontrar tempo para calafetar as janelas com cera quando o Arno gelou! Argiento dava cambalhotas em torno da peça para se aquecer, e Michelangelo soprava seus dedos dormentes, com todos os músculos contraídos pelo esforço, como seus guerreiros que saíam da mesma água que cintilava junto do Hospício.

---

* Hospital fundado em 1359 pela Guilda dos Tintureiros.

Como se tivessem saído de um sonho (ou de um pesadelo!), ele viu seus cinqüenta *Banhistas* se erguerem de uma vez só, em tamanho natural, sobre a parede dos Tintureiros: o movimento na imobilidade, a exemplo do baixo-relevo do *Combate dos centauros* que o acompanha desde 1492. Mas ele descobre em *Os banhistas* uma angústia nova, ao mesmo tempo que uma louca esperança. Até parece que a capacidade de cada um daqueles homens, multiplicada pela urgência, exibe ao olhar, através da nudez de seus corpos, a de suas almas.

Desafio, combate, triunfo: o cartão, além de um tema histórico, representa o que Michelangelo já acolhe como seu destino. Precisará doravante medir-se com o tempo, a matéria, os preconceitos, a inveja... Neste último domínio, Michelangelo é facilmente "atacante-atacado*". Malatesta nu, desafiando o ataque pisano, é também Michelangelo se insurgindo contra o destino que deu a Leonardo a arma temível da beleza.

Michelangelo leu *A divina comédia* para o Magnífico, releu-a para seu amigo bolonhês Aldovrandi. Tem consciência, como Dante, de girar nos círculos do *Inferno* ao ter a premonição do *Paraíso*. Leonardo, por sua vez, recebeu todos os dons da partilha, mas ainda assim sua alma é vil! Ele não serviu de assistente militar ao tirano Borgia? Não escolheu Milão tendo nascido florentino? Não insultou todos os escultores ao tachar a arte deles de "arte menor"?

Por não ser seu próprio Criador, o "Divino Michelangelo" se insurge incansavelmente contra Aquele que distribui tão injustamente suas benesses. Nas suas esculturas e nos seus afrescos, a harmonia do corpo e a do rosto são símbolos: da nobreza da alma. Mas Platão pode ter primazia sobre o Deus iníquo da Bíblia? Toda a obra de Michelangelo fala da presteza de um movimento suspenso, como a resposta a uma

---

* Perugino move contra Michelangelo um rumoroso processo de difamação na Signoria. Pode-se ter dúvida a respeito das alegações de Michelangelo de que ele não tinha feito senão responder às calúnias do velho pintor, invejoso do sucesso de *Os banhistas*.

intimação que poderia ser a de um Juízo Final – dirigida a quem?, nós perguntamos. Quem será julgado: o Criador ou sua criatura?

Sim, a vida que brota de *Os banhistas* de Cascina está além da vida e além da morte. Os corpos nus que se destacam, vistos de costas*, como o estranho Cristo do baixo-relevo da *Virgem na escada*, saindo de um rio que poderia ser o Lethe ou o Eunoé do *Paraíso* de Dante, foram captados no momento de um despertar brutal: o da revelação de uma luz vinda de um fundo escondido de nós.

Michelangelo era um crente. Na sua invocação a um Deus que escapa ao nosso entendimento, ele foi mais longe do que a fé permite? Ao envelhecer, ele multiplicará os poemas sobre a impiedade de sua obra. Ele a conspurcará como a premonição do fogo eterno, chegando a declarar em uma carta tardia, com seu feroz senso do jogo de palavras: "Teria sido melhor que durante a juventude eu tivesse me tornado operário de uma fábrica de fósforos sulfúreos".

Se os numerosos estudos que serviram para *A Batalha de Cascina* (indiferentemente chamada de *Os banhistas*) são unanimemente considerados os mais belos desenhos de Michelangelo, se eles foram tão abundantemente copiados**, é porque seu movimento conduz com uns poucos traços para além do sensível, em direção ao topo de uma pirâmide derrubada que recua até o infinito. O que vêem os soldados? O homem é "o olho do mundo", proclamava o filósofo Marsilo Ficin... Diante desses desenhos, o espectador é tomado de vertigem como se estivesse diante de um jogo de espelhos que o envolve a despeito de sua vontade.

Pode-se imaginar os problemas de perspectiva criados por *Os banhistas*. A perspectiva fugidia (nesse caso, é preciso caminhar se quisermos ficar constantemente diante do que

---

* Há, no caso, um convite para passar por trás do quadro, que antecipa a pintura que Cézanne fará quase meio milênio mais tarde.

** O cartão da *Batalha de Cascina* foi destruído no século XVI. Mesmo assim se pode fazer uma idéia parcial dele, graças à cópia de Aristotile da Sangallo (por volta de 1542).

estamos vendo) não pode limitar-se ao "cubo de Alberti*" que governa as leis da perspectiva pictórica da Renascença, inscrevendo o quadro em um espaço cênico do qual não se sai. Foi preciso imaginar uma perspectiva "bifocal", a que Leonardo chama de "perspectiva composta" (um objeto visto a uma distância dupla parece duas vezes menor).

Não se pode pensar que Michelangelo tenha encontrado em alguns dias, de maneira empírica, um dos princípios que apenas haviam sido enunciados nos *Carnês* secretos de Leonardo:

> A perspectiva emprega para as distâncias duas pirâmides, das quais uma tem seu topo no olho e sua base no horizonte, e a outra tem sua base no alto do olho e seu topo no horizonte. A primeira está relacionada ao universo (...) como uma vasta paisagem (...) A segunda pirâmide está relacionada a uma particularidade da paisagem**...

É muito mais plausível acreditar em uma filiação com o pintor florentino Paolo Uccello, morto no ano do nascimento de Michelangelo, do qual este último admirava tanto, quando criança, os afrescos da Igreja de Santa Maria Novella, extraordinariamente inovadores em relação à "perspectiva clássica".

De todo modo, é preciso imaginar o recluso do Hospício dos Tintureiros correndo ao longo de seu cartão para nele enfiar pregos eqüidistantes uns dos outros, traçando linhas com o fio de prumo para encontrar um novo ponto de fuga...

---

* O arquiteto genovês Leon Battista Alberti enunciou as leis da "perspectiva clássica" em 1436, no seu tratado *Della Pittura*, dedicado a Filippo Brunelleschi, genial arquiteto do Domo de Florença. Segundo os cálculos de Alberti, um quadro é compreendido como um "cubo", ou um palco de teatro, que é ordenado em relação ao camarote do príncipe. Seu ponto de fuga está necessariamente sobre a mediana horizontal do quadrado que representa o fundo, *no interior do espaço cênico*.

** Leonardo da Vinci pensava em corrigir as insuficiências de sua teoria da perspectiva (uma deformação da imagem obriga, em especial, a fechar um olho na visão de perto), desenvolvendo uma "perspectiva curvilínea" e "aérea" em um *Tratado da pintura* que ele nunca concluirá.

prefigurando de modo genial, na medida do possível, o *Tratado de geometria* escrito pelo filósofo e matemático René Descartes em 1637.

*

De toda a Itália, as pessoas vêm admirar os cartões dos dois gigantes. No Hospício dos Tintureiros, Michelangelo vê desfilarem os jovens pintores mais promissores de Florença: Andrea del Sarto, então com a idade de dez anos, pergunta se pode copiar o cartão. Depois o jovem Sebastiano da Sangallo, sobrinho do arquiteto Giuliano da Sangallo. Depois Raffaello Sanzio (dito "Rafael"), que só tem 21 anos, e cujos olhos imensos e o belo rosto aristocrático são bizarramente simpáticos a Michelangelo. Ele poderia tentar descobrir, por trás da impecável elegância da camisa branca de renda, o negror de alma que ele atribui a um Leonardo. Mas se declara simplesmente "encantado". A situação em nada deixa antever o ódio que vai nascer posteriormente entre os dois gigantes.

Na época, o escultor e ourives Benvenuto Cellini tem apenas seis anos. Ele guarda uma lembrança tão intensa dos dois cartões que proclama em sua *Autobiografia*: "Tanto tempo quanto permanecerem intactos, continuarão sendo modelos para o mundo inteiro".

Antonio da Sangallo e Rafael decidirão, na hora, deixar o ateliê de Perugino, em Perugia, para trabalhar diante de *Os banhistas*. Sem querer, Michelangelo está à frente de um ateliê de futuros gênios. Transformou-se sem querer em um inimigo mortal de Perugino. O gonfaloneiro Soderini exibiu tesouros de diplomacia, e o velho pintor aparentemente se acalmou. Pode-se predizer a Michelangelo um futuro de mestre renomado do melhor ateliê de Florença...

Mas a situação bascula de maneira imprevisível: o projeto de decoração da sala do Conselho pelos dois maiores artistas da época vai realmente resultar num duplo abandono!

Tomando o cartão por modelo, Leonardo começa seu afresco sobre a parede da Signoria. Experimentador acima de tudo, aproveita a ocasião para testar uma nova técnica de "têmpera*" que permite à pintura melhor aderência à parede. Contudo, os pigmentos alteram as cores, escorrem e provocam estragos irreparáveis nas partes inferiores do afresco. Em maio de 1505, Leonardo abandona o trabalho.

Já Michelangelo sequer tem tempo de começar seu afresco. Em março de 1505, seu amigo Giuliano da Sangallo, arquiteto oficial do Vaticano, transmite-lhe uma convocação semelhante a um ultimato: Júlio II, o novo papa, o faz ir a Roma para uma encomenda das mais confusas, tudo levando a crer que se trate de seu túmulo.

O projeto de um monumento "solto" (visível em todas as suas faces) é aprovado em abril, e Michelangelo instala-se em Carrara até dezembro para selecionar e preparar o mármore mais perfeito possível: um bloco de um branco tão translúcido que seu olhar poderá abraçar todas as camadas de cristal superpostas. Um mármore "nobre", sem fissura, sem mancha de ferro, sem bolhas. Um mármore puro, reconhecível não mais pelo olhar, mas *pelo som*, como o cristal, graças à leve batida dada com a maça.

O futuro se anuncia luminoso. Porém, na realidade, o ano de 1506 e os seguintes se revelarão os mais pavorosos de sua vida. Em suas *Cartas*, ele utiliza para qualificá-los a expressão "tragédia do túmulo".

---

* Pintura que utiliza cores maceradas em água e diluídas com cola, goma e clara de ovo.

A serviço do Papa Soldado

Quando Michelangelo conhece Júlio II, o sumo pontífice tem 62 anos. Como imaginar, sentado naquele trono púrpura que faz tremer uma boa parte do mundo, um homem com rosto de lutador, marcado pelas provações, cuja pesada barba branca lembra mais um navegador de longo curso do que um chefe espiritual? Rafael, em *A missa de Bolsena* (1502), representou perfeitamente aquele a quem se deu o apelido de "o Papa Soldado" ou "Júlio César": voluntarioso e radiante de energia.

Em seguida a Sangallo, o jovem artista ajoelhou-se para beijar o anel do sumo pontífice.

Quem não escutou falar do temperamento intratável de Júlio II (Giuliano Della Rovere), guerreiro mais do que qualquer outra coisa? Eleito em 31 de outubro de 1503, sucedeu o efêmero Pio III, falecido menos de um mês depois de sua entronização à morte de Alexandre VI Borgia. Ele, que ousou tratar publicamente Alexandre VI de "falso pontífice e traidor da Igreja" (compreende-se que tenha se refugiado na França durante dez anos), não hesitou, é notoriamente público, em comprar, por sua vez, o Trono Papal.

Rico por toda espécie de benefícios eclesiásticos concedidos por seu tio Sisto IV (1471-1484), que o ajudou a galgar os escalões até o cardinalato, o cardeal Della Rovere prometeu bens ou encargos aos cardeais do conclave mais curto de toda a história do papado. A partir de 31 de outubro de 1503, dia de sua eleição por unanimidade, canções de rua passaram a evocar com meias-palavras, na Europa inteira, a "simonia" (tráfico de bens espirituais) do Vigário de Cristo.

Esperava-se uma espécie de César Borgia envelhecido... Com o olho acostumado de escultor e de pintor, Michelangelo observa disfarçadamente seu novo patrão. Nenhuma crueldade, nenhum cinismo, na *terribilità* que se desprende do Santo Papa: somente uma vontade de ferro e um olhar negro de jaspe, de uma inteligência fora do comum, que faz baixar os olhos. Aquele que o enfrentou, mesmo uma única vez, leu nele este preceito herdado de Maquiavel: "Quem quer o fim quer os meios".

Difícil, para Michelangelo, servir um parente tão próximo do instigador da conjuração dos Pazzi (Sisto IV pretendia eliminar, através dos Medici, a política pró-francesa de uma cidade excessivamente poderosa). Mesmo adivinhando que, diferentemente de Alexandre VI, Júlio II não vise a fins pessoais. No rosto meio estrangulado pela pesada capa, cujos traços não perderam toda a beleza, ele enxergou a nobreza de alma:

"Ele esperou quase uma vida inteira para obter os meios de reconquistar os Estados pontificais* alienados pelas conquistas francesas e pelo Grande Cisma**", diz a si mesmo Michelangelo. "Mas um homem desses é capaz de realizar em um dia o que outros levam anos imaginando!".

Não havia descontroles emocionais no "Apóstolo da ação" cujo olhar transpassava as insignificâncias na maior indiferença: ele estava em outro lugar, traçando planos para combates futuros, exibindo exércitos.

– Júlio não se dá conta absolutamente de nossa presença – conclui Michelangelo, arriscando um olhar na direção de Sangallo, que está do seu lado. – Mas como nos levantarmos sem o indispor?

Júlio II está efetivamente perdido em seus pensamentos: os Estados pontificais têm um interesse estratégico (manter a independência do Vaticano em relação ao resto da Europa), mas também econômico: para restabelecer a agricultura de Roma, controlar sua higiene deplorável, restaurar seus palácios e suas vias, encorajar as artes***, é preciso acalmar as tensões

---

* Estados legados, comprados, caídos sob influência ou conquistados, geralmente por membros da família papal ou membros do clero.

** O exílio do papa Clemente V em Avignon, em 1309, provocou o Grande Cisma (1378-1417): dois papas, um papa italiano em Roma e um "antipapa" francês em Avignon. Essa situação levou os donos dos Estados pontificais a se comportarem como senhores independentes e empobreceu consideravelmente Roma, reduzida, como constata Michelangelo por diversas vezes, a um "monte de lixo".

*** Júlio II apelará não somente a Michelangelo, mas também a Rafael e ao arquiteto Bramante. Bramante torna-se objeto de uma fascinação-repulsa comparável à que Leonardo da Vinci suscita.

militares e o espírito de rapina, permitir uma expansão das trocas comerciais e criar uma nova moeda... Em suma, é preciso dar novamente a Roma seu *status* de banco mundial!

Pode-se perguntar como Júlio II ainda tem tempo para dedicar às artes: 1505 é para ele um ano crucial. Depois da derrota dos franceses diante do *condottiere* Gonzalve de Córdoba, Nápoles foi libertada (sua ocupação constituía uma ameaça ao Sul), o temível César Borgia foi exilado na Espanha... É também o ano em que Júlio II, por falta de exército, constitui sua "guarda suíça" (duzentos suíços que comandarão dois mil homens). É o ano em que ele empreende as negociações secretas com Giovanni Giordano Orsini*, tendo em vista o casamento estratégico de uma de suas três filhas, Felice.

Decididamente, nesse dia de 1505 em que recebe Michelangelo, Júlio II está ausente. Já estaria mentalmente ocupado com a conquista de Perugia e de Bolonha, que ele efetuará no ano seguinte?

Michelangelo, após um momento, também se ausentou. Seu corpo, com certeza, está ali, mas seu espírito está em outro lugar: livre na imaginação de suas roupas supérfluas, o titular de São Pedro é um "modelo-vivo" que não se pode perder! Ele o desenha mentalmente em diversas poses escolhidas: ali ele esporeará seu cavalo, em outro lugar ele será um novo Cristo exibindo estandarte, com a espada na mão... O Papa Soldado não jurou assegurar em pessoa, à cabeça de seu punhado de suíços, o remembramento de seus Estados e o restabelecimento do poder secular?

*

Assim como Júlio II não pode adivinhar a carreira excepcional do jovem artista cuja presença começa a lhe pesar, também Michelangelo não pode saber o quão extraordinária será a história do terrível Júlio II. Mas os dois "interlocutores"

---

* Júlio II precisa proteger-se das poderosas famílias dos Colonna e dos Orsini, cuja rivalidade chega ao mito. Elas constituem em Roma uma sobrevivência da feudalidade.

se mediram silenciosamente, e cada um reconheceu no outro um homem de sua têmpera, tomado por projetos grandiosos e capaz de lhes dar uma realidade. Cada um adivinhou que as relações com o outro seriam "terríveis", ainda que nunca abandonem uma profunda simpatia.

Júlio II sai de seu mutismo fazendo uso de frases lapidares, articuladas com uma voz seca. Uma ordem dirigida a um lacaio:

– Me dê um túmulo aberto, como uma residência. Quero fazer dele um friso que glorifique meu combate pela unidade da Igreja.

– Mas onde, Sua Santidade?

– Em São Pedro – responde com a ponta dos lábios, convidando seus visitantes a sair, com um gesto irritado.

O destino dos dois homens está doravante misturado. Mesmo que, como nós constataremos mais adiante, o túmulo jamais chegue a existir. Júlio II substituirá o projeto inicial pelo da restauração do teto da Capela Sistina (dedicado a Sisto IV). A abóbada será revelada ao público em 1512, o ano em que Júlio II completa a unificação dos Estados pontificais. Os quatro anos que Michelangelo passa em cima de um andaime, pintando 540 metros quadrados de pé, com as costas curvadas, com a nuca dobrada, são suficientes para "Júlio César" se vingar da Liga de Cambrai*.

O paralelismo faz sorrir: Michelangelo expulsando seus aprendizes a socos e expondo ao longo da abóbada a *terribilità* de seus profetas; o papa, tão impressionante quanto Moisés, lançando sobre Luís XII os raios da excomunhão e recrutando dez mil suíços... A vitória sobre os franceses, em Ravena, o deixou sem voz, como o pintor diante de seu teto: como poderia ele imaginar que o imperador autorizaria os guardas suíços a atravessar suas fronteiras para alcançar Veneza?

Pávia, Milão, Gênova, a Romagna: os Estados pontificais serão não apenas reconstituídos**, mas também aumen-

---

* Unindo a França, a Espanha e o imperador. (N.A.)

** Uma reconstituição durável, que só será reconsiderada pelo *Risorgimento*, movimento unificador da Itália no século XIX.

tados (Bolonha e Parma). Quanto a Michelangelo, não se contentou em retomar episódios da Bíblia. Ele os "alimentou" com uma interpretação única na história da arte: ilustração de um universo ao mesmo tempo poético, filosófico, mítico, arquitetônico, escultural.

Último parentesco entre dois seres: nem o pintor nem o papa ficarão satisfeitos com seus empreendimentos. Para Michelangelo, o trabalho fica inacabado (Júlio II lhe impôs o fim de forma brusca em 1512); para o Soldado de Cristo, a conquista não corresponde à ambição secreta que é discernida por Michelangelo de imediato e que se parece com sua própria megalomania em matéria de arte: fazer da Itália inteira, e de uma boa parte da Europa, Estados pontificais.

Antes de sua visita ao Santo Padre, Michelangelo atravessou sem pensar uma cidade da qual ele avaliará a mudança: as casas em ruína foram demolidas, as ruas romanas foram limpas, alargadas e em muitos casos repavimentadas. Não há mais porcos dentro do Fórum. Mas as igrejas (que guardam tesouros do *Quattrocento*: Fra Angelico, Filippo Lippi, Signorelli, o Perugino, Botticelli...) continuam desabando sob os escombros.

Saindo de São Pedro, Michelangelo caminha horas para se acalmar. O ar está suave, é uma felicidade caminhar ao longo do Trastevere, ver os campanários de Santa Maria, de São Paulo, retomar a estrada que leva à Igreja de São João de Latrão, cujo impressionante obelisco assinala que ela foi durante um milênio a sede do papado... O objetivo ainda está longe. É preciso chegar até a antiga necrópole e alcançar Santa Maria Maior.

Com lágrimas nos olhos, Michelangelo avaliou a decrepitude do que faz parte das sete maravilhas do mundo: até a Basílica de São Pedro está em plena deterioração, pois Júlio II não tem – é o que alega – "nem tempo nem dinheiro".

E os achados de antiguidades que o soberano pontífice empilhou no Belvedere, não lhe custaram nada?

*

Na imaginação do papa, Roma brilha como a capital do universo. Michelangelo se dá conta de que Júlio II mandou chamá-lo, junto com outros, para "assistir a cidade" à maneira de uma tropa de reserva, mas sem nenhum projeto preciso.

Michelangelo entra, incrédulo, no ateliê de Sangallo... e se instala imediatamente na sua prancha de desenho. Decididamente, o personagem de Moisés impõe-se. Moisés, símbolo do homem em sua plena maturidade, cujas cóleras legendárias encarnam a desmesura e cujas capacidades de legislador obedecem às medidas; Moisés, alegoria da imperfeição humana avançando em vão em direção à lembrança platônica renovada da perfeição esquecida.

Moisés, embora sentado em um ângulo do túmulo, medirá no mínimo dois metros. No ângulo oposto: São Paulo, visionário da última hora. Essas duas estátuas ocuparão o primeiro andar de um monumento concebido como uma pirâmide cuja base medirá exatamente onze metros por sete e que se elevará a onze metros de altura, através de um número indefinido de degraus. No topo, dois anjos sustentarão um pequeno sarcófago. Um chorará o falecimento de um grande homem, o outro rirá por sabê-lo no paraíso.

Para esse projeto tão grandioso quanto o mausoléu de Adriano, Michelangelo desenha não menos do que quarenta estátuas em escala, tão gigantescas quanto as primeiras, que ornarão o túmulo como um friso suntuoso. E o friso de bronze reclamado por Júlio II? Michelangelo reduziu-o à proporção congruente: fino, quase invisível em um dos degraus.

A base do monumento será a parte mais original. Montada sobre colunas, será sustentada em cada um de seus lados por quatro escravos figurando diversas atitudes do cativeiro. Michelangelo pretende impor a nudez deles, que contrastará com as roupas dos personagens que ocupam os andares, apresentados, ao contrário, em todas as poses da luta e da mais louca esperança.

Mais uma vez, Michelangelo recoloca em cena seus *Banhistas* para ilustrar a condição humana. Só que, dessa vez, o espectador poderá andar em torno deles. O que vêem?

O giro reconduz indefinidamente à entrada do pequeno quarto cavado dentro do túmulo, ao lugar onde será enterrado o corpo do papa... O mistério fecha-se sobre si mesmo.

"O papa, ao ver o desenho – relata Condivi –, ficou tão satisfeito que enviou Michelangelo imediatamente a Carrara." Concedeu ao escultor mil ducados, e nem um tostão a mais, para que ele pagasse bons blocos de mármore, assim como o transporte deles para Roma.

– E o prazo? – pergunta Michelangelo.

– Cinco anos – concluiu o Santo Padre com uma voz cortante.

Seria necessário no mínimo o dobro!

Michelangelo vai passar perto de um ano nas montanhas de Carrara sem receber outro dinheiro. Depois de finalmente escolhida a quantidade de mármore necessária e despachada por mar até Roma, encheu com o material a metade da praça São Pedro, no local preciso onde o papa concedeu autorização para que instalasse um ateliê para esculpir seus personagens.

Para que Júlio II pudesse ir vê-lo mais facilmente, foi instalada uma ponte levadiça do "corridor" (corredor que ligava o castelo Santo Ângelo ao palácio do Vaticano) ao ateliê. Tais familiaridades principescas suscitaram grande inveja por parte dos outros artistas que também trabalhavam para o Santo Padre.

Com grande freqüência, ocorrerão casos de ciúme a propósito desse projeto inumano, do qual Michelangelo não executará, durante a vida de Júlio II e depois de sua morte, senão quatro estátuas acabadas e oito esboçadas. A "tragédia do túmulo" obscurecerá a tal ponto sua vida que o escultor verá nela um castigo divino: Júlio II e ele mesmo, naturezas fortes, ao conceberem apenas projetos colossais, não se tornaram culpados dessa "desmesura", que o autor das *Cartas* descobre, no momento propício, em todos os seus atos, como numa tragédia grega?

Em Carrara, Michelangelo dedicou-se ao trabalho titânico que ele sempre efetua depois do talhe dos blocos: um croqui muito exato de cada um deles, seguido de autenticação por um notário e aposição de seu selo (três círculos entrelaçados) com as iniciais do talhador de pedra.

Mas, antes, ele teve que vigiar a temível extração: o trabalho nas pedreiras é tão perigoso que, ao se separarem no final do dia, os operários pedreiros não se dizem "Até amanhã", mas sim "Tome cuidado!".

Quantos encontraram a morte nas falésias brancas? Amarrados a cordas presas nos picos que encimam o *poggio* (plataforma de trabalho), os pedreiros, parecendo flutuar no ar a centenas de metros de altura, varrem a parede arriscando-se a se despedaçar vivos para prevenir a queda das pedras. Mais embaixo, outros pedreiros enfiam em um entalhe, com alavanca e maça, as cunhas de madeira cheias de água que vão inchar a extensão de um veio, fazendo explodir a pedra.

A extração é vertical. Ela supõe, portanto, que se comece pelo alto da falésia. Quando o bloco se destaca, ele cai sobre o *poggio*, abandonado às pressas pelos operários que não têm outra saída a não ser correr para as extremidades da plataforma. Os estilhaços do mármore que vêm dos veios constituem ainda um perigo suplementar. Com tudo isso, o mármore, estragado pelos produtos químicos trazidos pela chuva, é raramente puro!

Quando o bloco de mármore é julgado de boa qualidade, é preciso içá-lo sobre rolos até um plano inclinado untado com sabão, e sua queda é então freada por cordas. Michelangelo rememora, em uma carta de 1518, a ruptura dramática de uma corda de freagem: "Um homem teve a espinha partida e morreu na hora, e eu mesmo quase perdi a vida".

É cruel a freqüência dos acidentes. Nesse caso, a trompa é soada e os membros da comunidade de trabalho depositam a serra, a maça; os aprendizes fazem parar o fluxo contínuo de areia e água que serve para facilitar o talhe. Em silêncio, descem pelo atalho e seguem de cabeça baixa para suas casas, geralmente a mais de uma hora de caminhada.

Todos aqueles esforços para nada! A basílica é pequena demais para o túmulo, e ninguém pensara nisso...

– As estátuas serão esmagadas contra os pilares – declara o arquiteto Bramante*. – Ademais, as janelas são tão pequenas que só se verá uma massa de sombra!

– É verdade – admite Sangallo, torcendo mecanicamente um de seus cachos brancos, com um brilho pensativo nos olhos. – Seria preciso construir uma capela que o comportasse devidamente...

– Enfim – exclama Bramante –, só nos resta reconstruir São Pedro! É o mais caro desejo de Sua Santidade! A arquitetura deve se colocar a serviço de uma escultura tão suntuosa quanto seu monumento funerário! O que acha, senhor Michelangelo?

– Eu penso que não se pode destruir o primeiro templo da cristandade, mesmo que ele se encontre privado de ar com tantos pilares – responde Michelangelo.

– Eu imagino um domo com várias janelas abertas e edificado sobre a base da cruz grega**... Seriam necessários pilares muito finos, mas suficientes para sustentar uma vasta cúpula...

Bramante se interrompeu. Virou as costas para os dois homens e se esquivou como se tivesse falado demais.

Em abril de 1506, é batida a medalha que comemorará a colocação da primeira pedra. Michelangelo, compreendendo finalmente que demolirão a antiga basílica, grita por sacrilégio. Por que o papa recusou o projeto de Sangallo de integrar a antiga basílica? Michelangelo fica furioso. Fala de "traição": seu amigo Giuliano da Sangallo não foi um dos mais próximos companheiros de exílio do ex-cardeal Della Rovere? Sente-se atingido pela perda de prestígio de Giuliano, comparável, para um homem da Renascença, a uma perda de *status* social.

Júlio II não é homem de demonstrar indulgência com seus interlocutores:

---

* Arquiteto titular do ducado de Milão. Devido a seu senso de intriga e gênio da invenção, ele eclipsa até mesmo Leonardo da Vinci. A invasão francesa e a queda dos Sforza o obrigam a fugir, como seu rival.

** Inscrita dentro de um círculo.

– Donato Bramante é o único arquiteto do século – declara, despedindo Sangallo com um gesto que não admite nenhuma réplica.

Profundamente ferido na qualidade de amigo de Sangallo, Michelangelo vai desenvolver até suas últimas cartas uma verdadeira fobia contra Bramante, acusando-o de imediato, sem prudência, mas não sem razão, de malversações em seus trabalhos. E aí Bramante decide se vingar...

*

– Vossa Santidade não pensou que essa história de preparar durante a vida a própria sepultura pudesse trazer má sorte?

Júlio II presta atenção. Não somente é supersticioso, como a perspectiva de uma economia importante o seduz. Como fazer face simultaneamente às necessidades da defesa militar de uma basílica e à edificação do mais luxuoso dos túmulos?

Sentindo-se apoiado, Bramante baixa o tom:

– Atribui-se a Michelangelo um dom de premonição. Ele deve ter sentido que eu falaria essas coisas. Há algum tempo, ele vem se dedicando a lançar o descrédito sobre minha pessoa...

Como o Perugino dois anos antes, Bramante acusa Michelangelo de difamação. No entanto, o Papa Soldado não ouve mais, ele está em outro lugar. Os humores de Michelangelo, ele já aprendeu a conhecê-los, a experimentá-los, ousaríamos dizer. E não é suficientemente bobo para ignorar que o difamador está freqüentemente do lado do delator...

Júlio II sonha: a vida, para ele, é conduzir ao ataque uma tropa bem nutrida, com armaduras rutilantes... Por que teria que escolher entre esta vida e um túmulo?

Portanto, em janeiro de 1506, no seu retorno de Carrara, Michelangelo continua com os mil ducados outorgados na sua partida e vive com o empréstimo que lhe concedeu graciosamente seu velho amigo Balducci, que retomou o banco de

Jacopo Galli. A situação torna-se angustiante: no momento em que se vê obrigado a alimentar, alojar e pagar de seu bolso os operários vindos de Carrara e de Florença, o papa espaça suas visitas, antes de se eclipsar totalmente:

"Uma vez que o papa mudou de capricho – lê-se em uma carta de outubro de 1542 – e os barcos chegaram com os mármores de Carrara, eu tive que pagar por minha conta o frete. Nesse mesmo tempo, os talhadores de pedra que eu mandara vir de Florença para o túmulo chegaram a Roma, e como eu tinha mandado instalar e mobiliar para eles a casa que Júlio havia me dado atrás da Santa Catarina, eu me vi sem dinheiro e muito atrapalhado..."

Nenhuma notícia do papa, que recusa até uma audiência:

"Ele mandou um cavalariço me dispensar – escreve Michelangelo. – Havia lá um bispo que repreendeu o homem, dizendo-lhe que ele certamente não sabia com quem estava falando. Mas o cavalariço respondeu que apenas cumpria ordens."

Uma carta ao papa demonstra sua determinação, própria dos que não se curvam:

"Santo Padre, eu hoje fui posto para fora de Vosso palácio e por Vossa ordem; por essa razão, eu Vos informo que, de agora em diante, se Vós tiverdes necessidade de meus serviços, será necessário mandar me procurar em outro lugar que não Roma."

Michelangelo envia a carta, depois esporeia os flancos do cavalo e parte para Florença a galope. No caminho, cinco cavaleiros enviados por Júlio II entregam-lhe a seguinte carta:

"Imediatamente depois disso, você voltará a Roma sob pena de nossa desgraça".

– Diga a Sua Santidade que eu voltarei quando ele cumprir seus compromissos! – responde Michelangelo.

Um outro não teria saído vivo de uma injúria dessas dirigida ao representante de Deus sobre a terra. Mas os enviados de Júlio II devem ter recebido ordem de tratar com cuidado o destinatário. Eles viraram a brida, e o jovem florentino em poucos instantes não distinguiu no horizonte mais do que uma nuvem de poeira.

Saboreando uma satisfação de criança que conseguiu dobrar seu mestre, Michelangelo reduziu o passo do cavalo. Concebe mentalmente o soneto[6] bastante irreverente (já citado parcialmente em um capítulo precedente) que ele dedicará ao papa enquanto retorna:

> *Senhor, se algum provérbio é verdadeiro,*
> *É com certeza este que diz:*
> *Quem pode nunca quer*
> *(...)*
> *Mas o Céu escarnece de qualquer virtude,*
> *Colocando-a neste mundo,*
> *Se ela precisar esperar frutos*
> *De uma árvore seca.**

Michelangelo chega a Florença. A afronta de Júlio II não é a única razão de sua partida precipitada. Em uma carta para Giuliano da Sangallo, ele sugere que Bramante decidira mandar assassiná-lo.

"Basta dizer que isso me leva a pensar que, se eu ficasse em Roma, esta cidade seria meu túmulo, em vez do túmulo do papa. E foi esta a causa de minha partida súbita."

Uma carta a um desconhecido, datada de 1542, acrescenta esta precisão surpreendente envolvendo seu aluno Rafael, tão *simpatico* no Hospício dos Tintureiros:

"Todas as dificuldades ocorridas entre o papa Júlio e mim resultam da inveja de Bramante e de Rafael: eles queriam acabar comigo; e Rafael tem razão, pois o que ele sabe de arte aprendeu comigo."

---

* Mesmo em tal situação, e diante de um personagem tão temível quanto Júlio II, Michelangelo não consegue resistir ao encanto de um jogo de palavras: a "árvore seca" remete ao carvalho verde do escudo dos Della Rovere.

O sonho e a realidade

Em Florença, Michelangelo recebe uma acolhida pouco entusiasta do pai, que esperava de Júlio II uma prodigalidade que o poupasse de muitas das preocupações de seus dias de velhice.

Com o olhar sombrio, a testa riscada por uma ruga precoce, o filho indigno reintegra seu quarto de frente para a rua na residência de Lodovico Buonarroti. Acabou de ouvir que, em 18 de abril de 1506, o dia seguinte de sua partida de Roma, foi colocada a primeira pedra da nova Basílica de São Pedro.

Tem sempre a mesma apreensão ao atravessar a praça da Signoria, tão perto, perto demais... Claro, seu *David* está lá, imenso, irradiante de brancura, no resplendor daquele começo de primavera. Mas ele apaga a injustiça da Criação? A das criaturas de carne e de sangue?

A "luz sobre a praça", é nos seus *Banhistas* que é preciso encontrá-la. O cartão deixou o Hospício dos Tintureiros, ele está ali, contra a parede adjacente à Sala do Conselho... Quanta luz emana do fundo sobre o qual se distinguem as costas dos atléticos *Banhistas* interpelados a responder!

– Se eu aperto os olhos – reflete Michelangelo –, a visão frontal de uma parte do cartão produz a impressão de um cone luminoso de que meu olho é o topo.

Ele recua alguns passos, pisca os olhos e conclui:

– A uma boa distância, se eu pudesse abraçar com o olhar o conjunto do cartão, não veria mais corpos emergindo de um rio, mas uma pirâmide de luz... Eu veria talvez o que eles vêem...

Michelangelo fechou os olhos. É assim que ele costuma proceder quando pensa, depressa, muito depressa: "O olho do mundo", dizia Marsilo Ficin... E se o homem tivesse por vocação ser a fonte luminosa que ilumina de um outro modo o mundo das aparências? E se o pintor, o escultor, o poeta fossem os iniciadores que ajudam a "passar para o além" da pura Idéia platônica?

O sonhador é brutalmente trazido de volta à realidade por um tapa um tanto forte do gonfaloneiro Soderini. Há tempos ele vinha tocando levemente o ombro do visitante, como quem bate na porta de uma criança dormindo, e o velho se cansou. Um pouco mais franzido, um pouco mais apergaminhado que antigamente, mas ereto como um carvalho, ele parece prestes a assoviar de raiva, enquanto envolve Michelangelo com um olhar tempestuoso:

– Pode se orgulhar de você mesmo: você fez com o papa o que nem o rei da França teria feito.

– O papa faltou com a palavra!

– Pode me deixar continuar? Saiba que a Signoria também não vai entrar em guerra contra Júlio II por sua causa! Volte imediatamente para Roma!

– Mas lá eu estarei em perigo! Bramante quer acabar comigo! Ouvi dizer que ele quis subornar os guardas para criar problema com o canteiro da praça São Pedro onde eu mandei empilhar sob lonas os blocos de mármore antes da minha partida. Felizmente, ele não encontrou ninguém: nada é certo, mesmo os esbirros têm medo das reviravoltas do Santo Padre...

– Faça o favor de escutar! A Signoria lhe dará cartas de tamanho peso que qualquer injustiça feita a você será feita à Signoria...

– Eu vou refletir, gonfaloneiro, me dê alguns dias. Ao menos o tempo de honrar meu antigo contrato para os doze apóstolos!

– Mas ninguém vai renovar esse contrato! Você acha que o Conselho vai provocar o papa oferecendo a você um álibi para prolongar sua estadia em Florença? Execute primeiro o túmulo ou qualquer outro trabalho que ele possa lhe pedir. Em seguida, nós veremos.

Soderini fica com a boca aberta. Seu interlocutor virou-lhe as costas, com os punhos apertados...

– Um touro furioso – pensa Soderini.

A passos largos, o homem saiu do corredor, atravessou a escadaria do palácio e desapareceu por uma ruela.

O rebelde resiste. Quase todos os dias volta para contemplar seu cartão, chegou a instalar seus *fusains* e suas cores para refinar os detalhes... Quase todos os dias cruza com Soderini, que recebe do papa, louco de raiva, "breves" (ordem escrita) sobre "breves", ordenando que lhe restituam "seu" escultor.

Michelangelo multiplica as condições:

– Gonfaloneiro, e se o túmulo fosse feito não em Roma, mas em Florença?

– Você está brincando, Michelangelo? É o mesmo que cuspir no rosto de Sua Santidade!

– Então eu vou partir para a Turquia para não comprometer você. O sultão mandou me transmitir uma oferta pelos franciscanos. Ele adoraria que eu fosse a Constantinopla construir uma ponte em Pera.

– Você seria tão covarde?

As negociações levarão meses. No final de agosto, Júlio II deixa Roma. À frente de algumas centenas de cavaleiros conquista Perugia, onde dá plenos poderes ao cardeal Giovanni de Medici. Depois atravessa os Apeninos, onde decide economizar suas forças armadas, servindo-se à vontade, como se fosse um jogo, de simonias: distribui os barretes de cardeal como condecorações militares, excomunga implacavelmente os insubmissos... e, passando os oito mil soldados do exército francês para o seu próprio soldo, toma Bolonha.

No dia da vitória, Soderini, exasperado, dá a Michelangelo um ultimato:

– O Santo Padre quer que você execute trabalhos em Bolonha. Parta imediatamente. Não está vendo que os florentinos se impacientam diante do perigo que representa para eles o avanço de Júlio? Quer que o apedrejem?

– Em Florença ou em Roma? Pouco importa!

– Mas se trata de Bolonha! Meu irmão, o cardeal de Volterra, faz parte do séquito imediato de Júlio. Vou fazer para você uma carta de recomendação em minha honra!

Michelangelo foi vencido. Contra a vontade, abraça às pressas o pai e o irmão mais moço Buonarroto e manda selar o cavalo.

Por sorte não está nevando. O frio de novembro desenha uma ligeira bruma nos seus lábios. Quando ele recupera o fôlego, ela se dilui como uma pirâmide, como uma fonte de nuvens que lhe lembra seu sonho luminoso diante dos *Banhistas*... O que há "do outro lado" das planícies, das montanhas que ele atravessa como quem dorme acordado? O que há "do outro lado" do horizonte?

O enigma da Capela Sistina

Naquele momento, podia-se passar pelos muros de Bolonha sem ter de mostrar o polegar. O cavaleiro salta no chão e deixa o cavalo em um albergue. Tem dificuldade para abrir caminho através da multidão elegante da Piazza Maggiore.

A entrada de São Petrônio está guardada por soldados... Michelangelo entrega o salvo-conduto de Soderini. Inclinam-se para ele. Escoltado por uma guarda de honra, ele galga lentamente os degraus, literalmente dominado, como no tempo de Aldovrandi, pelo extraordinário pórtico de Della Quercia: a *Criação de Adão*, o *Fim do paraíso terrestre*, *Caim e Abel*... O mundo *ante Legem** da Bíblia... Temas para toda uma vida!

O jovem entra na igreja onde está sendo celebrada a missa. Acaso? Uma silhueta sai da sombra quando ele entra: o cavalariço que o barrara na porta do papa meses antes!

O homem o reconheceu. Com as maiores deferências, ele o conduz até o palácio onde um bispo enviado pelo cardeal de Volterra o conduz ao palácio dos Dezesseis. Júlio II está jantando. A sala, imensa, foi ricamente enfeitada com bandeiras coloridas, e uma centena de convidados de peso (generais, príncipes, cardeais) ocupa os dois lados da interminável mesa presidida, com seu longo manto branco, pelo Vigário de Cristo.

Como esses banquetes são apetitosos! Michelangelo, que não comeu nada depois da maldita refeição no albergue, esquece-se de qualquer sentido de precedência (ou da mais elementar prudência).

Com o rosto em fogo diante do homem que ousa permanecer de pé diante dele, Júlio II está sufocado de ódio:

– Você tinha que vir Nos procurar em Roma; e você esperou que Nós fôssemos encontrá-lo em Bolonha!

---

* Antes da aparição das Tábuas da Lei para Moisés no Sinai.

Os convivas estão paralisados de estupor diante desse visitante hirsuto dentro de seu casaco enlameado, que se dignou apenas a tirar o chapéu e que não move um polegar.

No silêncio geral, Michelangelo acaba ajoelhando-se:

– Santíssimo Padre – articula com dificuldade, num estado de emoção que, como ele sabe, sobrepuja sua vontade mais intransigente – Santíssimo Padre...

O papa não o ajuda de nenhuma maneira. Ele baixou a cabeça e lança sobre Michelangelo um olhar impenetrável, medonho, como o de Deus, provavelmente, ao expulsar Adão e Eva do Paraíso...

– Santíssimo Padre – retoma Michelangelo, reunindo toda a sua energia –, eu não agi por malícia, mas por irritação! Vossa Santidade mandou me expulsar como um lacaio!

Aflito, o bispo recomendado pelo cardeal de Volterra tenta se interpor:

– Queira Vossa Santidade não dar atenção a essas idiotices: ele peca por ignorância. Fora de sua arte, os artistas são todos os mesmos!

O papa ergue a cabeça, fora de si. Ele urra para o bispo atônito:

– Você proferiu um insulto que Nós não falaríamos. O ignorante é você! Retire-se, e que o diabo o carregue!

E como o bispo permanece paralisado no lugar, Júlio II faz um sinal para os presentes sentados à mesa intervirem. A pontapés, a socos, o infeliz é atirado para fora.

O papa descarregou sua cólera. Sobre quem? Pouco importa, ele manda Michelangelo se aproximar. Percorrendo com um olhar de bonomia o homem paralisado diante dele, a balbuciar palavras de arrependimento e a beijar seu anel, ele o abençoa.

Nem por isso a paz estava selada entre eles: Júlio II tem necessidade de fazer sentir seu poder ilimitado. Não é mais um túmulo que ele quer, mas uma imensa estátua de bronze que comemorará sua vitória em Bolonha:

– Mas Sua Santidade está me honrando excessivamente! Eu nada entendo de fundição de bronze!

– Muito bem, você aprenderá.
O tesoureiro do papa oferece cem ducados!

*

Para Michelangelo, é uma fortuna. Ele alugou uma casa que se parece com um galpão, onde infelizmente terá que dividir o único leito por falta de espaço, além de falta de dinheiro, com quatro ocupantes: seus dois ajudantes florentinos, Lapo e Lotti, seu fundidor Bernardino e o jovem Argiento, que veio correndo de Ferrara. O minúsculo Lapo e o interminável Lotti têm aparência tão honesta que são encarregados de fazer as compras: cera, argila, tijolos para aquecer... até as provisões.

Quinze meses se passam, exaustivos: Michelangelo descobre que Lapo e Lotti roubam e bancam os chefetes:

"Esse miserável Lapo – escreve ele ao pai em fevereiro de 1507 – não conseguiu enfiar na cabeça que não era o chefe até o momento em que o pus para fora. *Eu o expulsei como uma besta*.*"

Lapo e Lotti voltam-se contra seu "patrão" afirmando que foi ele que os roubou. Eles espalham tão bem o rumor por Florença que, para fazê-los calar, Lodovico Buonarroti acabou lhes pagando.

O fundidor Bernardino, por outro lado, revela-se incompetente: em junho, a fundição falha. Como o papa só sai "até a cintura", é preciso recomeçar tudo, entrando pelas horas de sono, das refeições, sem sair da residência com seu ar confinado e malcheiroso...

Um dia, o papa vem ver em que ponto está o trabalho, testando "seu" artista como quem está só brincando:

---

* A expressão "uma besta" volta freqüentemente sob a pena de Michelangelo, obcecado pela leitura do Apocalipse, onde "a Besta" é representada pela cifra 666 ("César-Deus", segundo o valor numérico atribuído às letras gregas), designando a confusão do poder espiritual com o poder temporal. "A Besta" estigmatiza todos os seres desprezados por Michelangelo (aprendizes, irmãos e até o papa).

– Esta sua estátua está dando a bênção ou a maldição?
– Santo Pai, ela ameaça o povo se ele não se comportar bem.
– E a mão esquerda, o que está segurando?
– Um livro, Santo Padre.
– Um livro? Mas eu não entendo nada de Letras! É melhor você colocar uma espada.

Um papa com uma espada! Michelangelo sugere que é preferível ele segurar as chaves de São Pedro, e Júlio, encantado, dá-lhe um empurrão como sinal de cumplicidade. Ele não pareceu notar nem a insalubridade do alojamento nem o emagrecimento alarmante de Michelangelo, que descreve freqüentes desmaios:

> Eu vivo no maior desconforto e num sofrimento extremo – escreve ele ao irmão em novembro –, não penso em nada que não seja trabalhar noite e dia; já suportei tamanhos sofrimentos, e ainda estou suportando, que creio que, se tivesse que fazer tudo novamente, minha vida não bastaria: seria um trabalho de gigante.[7]

O resultado de tais provações é desolador: erguida sobre a fachada de São Petrônio em fevereiro de 1508, a estátua será derrubada sobre o calçamento em meio ao alívio geral quatro anos mais tarde, quando os Bentivogli recuperam o domínio de Bolonha. Afonso d'Este, de Ferrara*, engenheiro militar de renome, decide recomprar os "pedaços do papa". Ele guarda a cabeça como troféu e, em seguida, funde o corpo para fazer um canhão batizado por desdém de *La Giulia*.

Michelangelo tem apenas o tempo de ir a Florença e voltar. No dia 10 de maio de 1508, ele registra em seus *Ricordi***:

"Neste dia, 10 de maio de 1508, eu, Michelangelo, recebi de Sua Santidade, o papa Júlio II, a soma de quinhentos

---

* Outro Estado pontifical insubmisso.

** Cadernos de contas.

ducados correspondentes à pintura da abóbada da Capela Sistina, de cuja realização fui encarregado."

A encomenda é tão surpreendente, tão impensável, para o pintor que ignora tudo da arte do afresco (dos *Banhistas*, ele só realizou o cartão), quanto a da estátua de bronze. O Santo Padre jurou enlouquecê-lo?

Aparentemente, Bramante está na origem do capricho. Inquieto com o retorno às graças de Michelangelo, ele sugeriu a Júlio II esse projeto que resultará, está persuadido, em um fracasso.

Michelangelo faz de tudo para desencorajar o empreendimento.

– Santo Padre, para uma obra dessas, Rafael está muito mais qualificado do que eu!

– Buonarroti! Eu devo compreender que você prefere decorar uma sala de reunião florentina?

– Vossa Santidade, eu não sei pintar afresco, só sei fazer o cartão!

– Um cartão considerado como a "Escola do Mundo", tenho meus informantes. Está colocando Rafael à frente? Mas ele é seu aluno! Se ele é capaz de pintar as *Stanze** do Vaticano, não pretenda que você não esteja à altura da capela pontifical**.

Todo feliz com seu trocadilho, Júlio II dá a "seu" artista seu anel para beijar. O mesmo que estender a corrente a um escravo: o teto da Sistina tem 540 metros quadrados! Só resta ao recalcitrante ajoelhar-se, estúpido, diante daquele que lhe toma os mais belos anos de sua vida.

Ao acaso, Michelangelo caminha para se acalmar... um acaso que o conduz diante do alto pórtico da Sistina, que ele empurra sem prestar atenção, tropeçando de repente porque o sol que ilumina a capela cegou-o. Ele se apóia em uma pilastra, à beira do mal-estar: diante dele, encimada por

---

* Entre abril e setembro de 1508, Rafael pinta o afresco da sala (*stanza*) da *Signature* (uma parte da biblioteca) dos aposentos de Júlio II.

** É na Capela Sistina, construída entre 1476 e 1480 pelo papa Sisto IV no *Quattrocento*, que são eleitos os papas.

imensas janelas, a imponente perspectiva dos quarenta metros de paredes decoradas à meia-altura com afrescos de Botticelli, de Rosselli, do Perugino e de Ghirlandaio. Vinte metros mais acima, a abóbada em berço que o encarregaram de decorar.

Michelangelo levanta os olhos para o teto cravejado de ouro, graciosamente arqueado, mas bordado com esmagadores "*pendentes*"* que prolongam longas pilastras mal dissimuladas pelo alto das paredes. Um céu de carnaval! Só foi poupada uma estreita banda, que não cobre mais do que um terço da largura (treze metros).

Quatro metros de afrescos abafados pela trivialidade de um arcabouço que lembra ao visitante as costelas e as tíbias dos mortos que ele dissecava no Hospital Santo Spirito!

Michelangelo está habituado a associações aparentemente absurdas. Uma outra lembrança surgiu: ei-lo, adolescente, no palácio Medici, durante uma aula de Politiano:

– Escute bem – diz seu preceptor fazendo caretas simiescas. – "O corpo é um túmulo para a alma." Mas sua beleza – ele prossegue apontando amavelmente o luminoso Pico Della Mirandola –, sua beleza, sim, é como o primeiro degrau de uma escada que sobe aos céus das Idéias.

Michelangelo recoloca na posição sua nuca dolorida. Sai lentamente da Sistina, com a visão embaralhada, porém o espírito claro como nunca. Ele não anda mais, ele corre:

– Peça uma audiência a Sua Santidade!

*

Mais uma vez, é ao cavalariço que ele se dirige? Ele não sabe mais. Nem como chegou diante do enorme trono, vermelho como o sangue de Cristo:

– Santíssimo Padre...

Júlio II, perplexo, observa "seu" pintor gaguejando a

---

* Triângulos oblíquos que permitem ao arquiteto a passagem do plano quadrado do tramo (parte da igreja compreendida entre os suportes) ao círculo da cúpula.

seus pés, tão aflito quanto diante dos convidados do palácio dos Dezesseis.

E, como naquele dia, Michelangelo não encontra as palavras. As associações desfilam, "vermelho encarnado", "encarnação", "reencarnação"! Como explicar ao papa que é a história da Gênese que deve ser exibida no teto da capela, e não os doze apóstolos como ele pretende? A História santa é uma "cadeia" da qual os apóstolos são apenas elos! É ao princípio da cadeia que é preciso chegar: ao mundo *ante Legem* a partir da criação!

Por que se afastar do grande começo do qual renasce indefinidamente a História, como sugere o Cristo adormecido de sua *Pietà*? Por que ocultar o mito egípcio, grego, hebraico, da Fênix*? Michelangelo conhece de cor o soneto composto por ele numa noite de insônia:

> A singular Fênix não renasce
> se não tiver queimado; e no fogo, se eu morrer,
> renascer espero mais claro entre os
> que a morte engrandece e o tempo não ofende.[8]

Um leve sorriso humaniza o duro rosto do papa. Ele poderia mandar expulsar o intruso obstinadamente mudo, mandar os cavalariços surrá-lo, excomungá-lo, convocar o carrasco para enforcá-lo imediatamente...

"Ora, se ele tivesse que fazer já teria feito", pensa Michelangelo, que encontra a força para pronunciar algumas palavras:

– Que Sua Santidade se digne a me perdoar...

Michelangelo, mesmo paralisado de terror, desiste da idéia de perdão: perdão por qual ofensa? Tenta juntar suas idéias: veio dizer ao Santo Papa que sua pintura da Gênese

---

* Pássaro mítico, cujo destino consiste em queimar olhando para o céu e em renascer de suas cinzas. Leonardo da Vinci dá a ele a mesma importância que Michelangelo. No "bestiário" de seus *Carnês*, faz dele o símbolo da constância: "Seu instinto – escreve – o faz prever a própria ressurreição, por isso ele suporta com bravura as chamas ardentes que o consomem, sabendo que deve renascer".

será também uma ressurreição da arquitetura. Veio dizer que sua história vai iluminar com seu mosaico de cores a banda descolorida da abóbada. Veio dizer que os pendentes, os "tímpanos"*, as pilastras são como um esqueleto privado de pele. Veio dizer que sua pintura será essa pele que vai dar um corpo à arquitetura...

– Eu vim anunciar a Vossa Santidade...

"Eu já falo como Cristo – se dá conta Michelangelo. – Pintando a obra do Criador eu estaria querendo me comparar a ele?"

Ele está ofegante. Tudo se encaixa: os personagens (ele os imagina já, pululando sobre as pavorosas bordas do teto como pêlos ou poros), como uma moldura ricamente esculpida, mas para qual quadro! Um espaço sagrado que ele abre em vez de fechar ou limitar; um espaço ideal do qual ele é o "primeiro degrau"!

E o que vai pulular vinte metros mais abaixo, em outras palavras, os "fiéis", ou os "espectadores", o que lhes acontecerá? Aspirados pelo jogo da ilusão para dentro da ilusão que projeta a realidade para o alto, eles vão se dissolver dentro do que verão. Eles "reviverão", como o edifício, através de suas próprias criações...

O homem comum tem necessidade de um guia. O artista tem essa missão, eis o que é preciso dizer ao papa! Não, pensa Michelangelo: Júlio não suportaria ser tratado como homem comum, mesmo que, apesar de sua espada, seja uma criança de colo...

> *Eu sou aquele que, desde os seus primeiros anos,*
> *guiou seus olhos débeis na direção da beleza*
> *que da terra ao céu vivos nos conduz.*[9]

"Eu poderia ter dedicado este poema a Júlio – diz a si Michelangelo. – Vou lhe dizer a mesma coisa, mas poupando seu orgulho..."

– Buonarroti! Buonarroti? Ele está dormindo! Em nome

---

* Espaços triangulares dispostos acima das janelas entre dois pendentes.

dos doze apóstolos, maldito florentino, nós lhe ordenamos abrir os olhos!

Júlio troveja como no dia em que mandou roer de pancada o infeliz bispo.

Dessa vez, as palavras se atropelam. Petrificado, Michelangelo se ouve articular tão claramente quanto uma equação matemática:

– Que Vossa Santidade se digne a me perdoar: os doze apóstolos são uma coisa bem pobre!

O papa reconheceu o interlocutor à sua altura. Ele não precisa de explicação. A audácia da frase vale a do interminável silêncio que a precedeu. Seu pintor é insubstituível, único e todo-poderoso no seu ramo como o herdeiro do trono de São Pedro, legado sobre a terra do Deus vingativo...

– Então, Buonarroti, o que escolhemos no lugar dos apóstolos?

– Vossa Santidade – exclama Michelangelo –, eu recriarei o mundo.

Júlio II escutou? Ele estende por hábito seu anel a um homem que teve exatamente a mesma atitude que ele terá em relação aos despojos de Bartolomeu alguns anos mais tarde. Michelangelo, roxo de confusão, percebeu tarde demais que havia falado de Deus na primeira pessoa. Ele se põe de pé desajeitadamente, esfrega mecanicamente o chapéu sobre suas velhas botas...

Para o afresco, ele receberá três mil ducados. Sem ilusões a respeito de seus conhecimentos técnicos, manda incluir no contrato uma cláusula de reembolso, além de suas despesas, e o salário de cinco "assistentes pintores a serem recrutados em Florença". Um deles é seu velho condiscípulo Granacci. Os outros compartilharam com eles o ateliê de Ghirlandaio, com exceção do jovem Sebastiano da Sangallo*, que prossegue seu trabalho diante dos *Banhistas* e se proclama em toda a Florença "discípulo de Michelangelo".

Júlio II pediu a Bramante para conceber e mandar construir o mais rápido possível dentro da capela um andaime que

---

* Sobrinho de Giuliano da Sangallo.

pudesse durar anos. O arquiteto suspendeu-o até a abóbada por enormes pregos ligados ao exterior por cordas.

Michelangelo deixa o homem detestado dirigir os carpinteiros durante dias, noites, e, quando fica sabendo que a obra terminou, entra na Sistina e denuncia diante dos operários estarrecidos a incompetência de seu patrão:

– Vocês imaginem os buracos na minha pintura quando tiverem retirado o seu andaime! E eu tapo como, os seus buracos, sem o andaime?

A equipe cai na gargalhada. Bramante simplesmente se esqueceu de que não se trata de construção comum, na qual se deixam os buracos como uma assinatura do construtor!

Michelangelo apela para o papa: é preciso retirar o importuno "monte de madeira" e substituí-lo por uma espécie de ponte cavilhada no nível da cornija que corre no alto das paredes. Ele se declara capaz de construí-la sozinho em menos de um mês. É o que fará com a bênção do Santo Padre.

Por haver enfrentado o calor do verão romano que transforma em fornalha o reduzido espaço entre a "ponte" e a abóbada, Michelangelo tem indisposições que durarão até janeiro de 1509. Conseguiu ainda assim desenhar durante esse tempo os planos do cenário – suas *Cartas* são a prova disso (todos os desenhos do conjunto foram infelizmente destruídos ou perdidos). Ele pode começar a execução dos cartões.

A abóbada será dividida em três partes delimitadas pela estrutura arquitetônica: as duas primeiras partes, perfeitamente simétricas no seu contorno em ziguezague, serão constituídas pelos pendentes e pelos tímpanos dos lados, tendo nos ângulos os imensos *tímpanos duplos**. Essas duas partes circundarão, como uma moldura realçada por frisos dourados, as nove "Histórias" e não farão uso nem do *escorço*** nem de *trompe-l'œil*, que recortarão a tira central, mais plana.

---

* Juntando-se às duas extremidades da abóbada.

** Efeito de perspectiva que consiste em aumentar as partes mais próximas do espectador.

Essas Histórias contarão a Gênese. Começando pela História mais próxima do altar, elas se sucederão assim: *Deus separando a luz das trevas*; *A criação dos astros*; *A separação das águas*; *A criação de Adão*; *A criação de Eva*; *O pecado original e a Expulsão do paraíso*; *O sacrifício de Noé*; *O dilúvio*; *A embriaguez de Noé*.

Em função da perspectiva, cada História parecerá recuar para o fundo de uma moldura em *trompe-l'œil* sustentada por falsos pilares. Esses longos pilares delimitarão igualmente as cenas inscritas nos pendentes, mas eles serão cortados por minúsculos *putti**, sustentando pequenos pedestais onde estarão sentados *ignudi*, igualmente em *trompe-l'œil*. A escala dos *ignudi* será geralmente superior à dos personagens das Histórias, a ponto de avançar sobre a superfície delas. Assim, o braço do *ignudo* "envergonhado" da História central de *A criação de Adão* vai roçar a coxa de Adão, como se dissesse: "Eva, sou eu".

Nos pendentes, Michelangelo decide pintar, em *trompe-l'œil,* como uma segunda moldura, as sibilas**, alternando com os profetas*** do Antigo Testamento. Essa mistura de paganismo e religião não incomodará um papa arrebatado por antigüidades, que o pintor começa a conhecer bem. E, ademais, a *terribilità* dos personagens, alternada com uma clemência parecida com indiferença, não tem como não adular o amor-próprio de Júlio...

A impressão é de que Michelangelo quer desafiar ao mesmo tempo os textos sagrados e a infantilidade caprichosa do herdeiro do trono de São Pedro: os profetas, assim como as Sibilas****, terão expressão e gestos completamente modifi-

---

* Anjos sem asas, ou crianças nuas, como se quiser, representados aos pares. Eles figuram também de cada lado dos profetas e das sibilas dos pendentes, à maneira dos "pequenos gênios" que nos animam e nos protegem segundo Pico Della Mirandola. Pico apenas retoma a tese do "Daimon" platônico.

** Sacerdotisas do deus Apolo, que têm o poder de predizer o futuro por enigmas.

*** A escolha é das mais fantasistas: Jonas, engolido por uma baleia por ordem de Deus, torna-se profeta!

**** Um dos raros croquis preparatórios que Michelangelo não destruiu mostra um estudo de nu masculino para a vigorosa Sibila da Líbia...

cados em relação às atitudes e à missão que lhes atribuem os mitos antigos ou a Bíblia:

Jeremias, anunciando, como o trovão, a destruição de Jerusalém e a Diáspora? Michelangelo vai mostrá-lo imerso em uma reflexão que o afasta radicalmente do mundo exterior (ele pode perfeitamente ter servido de inspiração a Rodin para o seu *Pensador*). Isaías, profeta da paixão, bradando desgraça aos idólatras e chorando pelo sacrifício do Cordeiro que pagará pelas faltas deles? Ele escutará distraidamente não se sabe qual mensagem. A *Sibila da Pérsia* urrando o triunfo da Virgem sobre a *Besta do Apocalipse*? Será uma mulher enfraquecida pela idade, curvada sobre um livro cujo sentido manifestamente lhe escapa: como se ela, inclinada sobre a página, nos confiasse tristemente: "Minha visão diminuiu!".

Nos tímpanos, Michelangelo decide ser menos provocador. Utilizando, como nas Histórias, somente o claro-escuro para figurar o relevo, ele se contentará em ilustrar os grandes episódios da salvação do povo judeu, insistindo, nos tímpanos duplos, nos episódios mais famosos: *David e Golias* celebrará a vitória sobre os filisteus; *Judite e Holoferne* comemorará o assassinato de Holoferne, general de Nabucodonosor; *Ester e Aman* lembrará o suplício que a rainha Ester mandou infligir por intermédio do rei Assuero a seu ministro Aman, que queria aniquilar o povo judeu*; *A serpente de bronze*, alegoria da libertação dos judeus, prefigurará o juízo final.

Na parte mais baixa, nas *lunetas* em forma de semicírculo que separam os tímpanos das janelas, ficarão os "ances-

---

* A figura de Aman é notável por se inspirar, no seu modo de ser e no seu tema, em *Laocoonte*, obra-prima da antiguidade celebrada por Plínio, o Antigo. O *Laocoonte* foi descoberto em 14 de janeiro de 1506 por um camponês do Esquilino. Michelangelo estava presente quando Giuliano da Sangallo reconheceu o grupo escultório de mármore. Expressão da tensão extrema contra a dor física e moral, o *Laocoonte* exerceu uma influência permanente sobre sua obra. Sobre a abóbada da Sistina, diversos *ignudi*, em particular o *ignudi* "surpreso" à direita do profeta Isaías, em um dos ângulos do *Sacrifício de Noé*, inspirados no *Laocoonte*. Reencontramos a lembrança do *Laocoonte* nos primeiros *Escravos* do túmulo de Júlio II e em uma figura do *Juízo final* situada sobre sua mediana horizontal, na extrema esquerda do Deus vingador.

trais de Cristo": Abiam e Joaquim, Manassés e Amon, figuras notáveis da epopéia do Povo eleito integradas na premonição do mundo *sub gratia* (Jesus).

Em cada extremidade do teto, dois enormes personagens, sentados nos pendentes, focalizarão a atenção do espectador:

No prolongamento exato do altar e da longa mediana, paralelos aos bordos da abóbada, o "profeta" Jonas, recém-saído da baleia, terá o rosto jogado para trás e o olhar marcado por um terror sagrado. Mas isso só será percebido depois. São suas coxas*, afastadas como duas monstruosas massas brancas, que primeiro sobressairão na plena luz das janelas laterais e do fundo. A projeção de suas pernas, não condizente, forçará o olhar. Será preciso que essas pernas inscrevam-se perfeitamente, como verdadeiros pilares, entre as colunas que sustentam a primeira História (*Deus separando a luz das trevas*). Jonas, rejeitado pela baleia no terceiro dia tal como Cristo ressuscitado, com o dedo apontado para o Cristo do altar, merecerá então o *status* de profeta!

Ponto focal da perspectiva da abóbada vista do pórtico, Jonas será o substituto do pintor, o guia que representa o "primeiro degrau" da escada que leva ao espaço ideal das Histórias. Ele será o pilar de uma Criação que não ocorreu de uma vez por todas, mas que ocorre indefinidamente pela graça do artista. Ele será "o olho do mundo" que Marsilo Ficin celebrava! O neófito deve se convencer disso ao se aproximar do altar. Se seguir com o olhar a mediana horizontal do retângulo delimitado pelo corpo de Jonas e pela cabeça do enorme cetáceo, encontrará ali, primeiro, o olho da baleia (Deus!), depois o umbigo do escapado... E se o espectador virar ligeiramente a cabeça para a esquerda ou para a direita, o umbigo de Jonas e o olho de Deus se tornarão, um de cada vez, o centro do quadro, provocando com o tempo uma pertur-

---

* Elas adquirem, no contexto, um caráter ao mesmo tempo obsceno e absurdo, que provoca um sentimento próximo da *náusea* sartreana.

bação retiniana que cria a ilusão de um olho alternativamente aberto e fechado*...

Na outra extremidade da abóbada, acima do pórtico (de tal maneira que Jonas aparecerá com a cabeça ao contrário para o espectador que olhar para ele nesse ponto), um impressionante velho, envolvido com um longo manto, atrai o olhar com sua roupa, na qual parecem se alternar as cores primárias (vermelho e verde nas dobras profundas, amarelo e azul no fino rebordo). É Zacarias, profeta do castigo, mas também da redenção, absorto na leitura de um livro de todas as cores ao mesmo tempo, ou talvez de nenhuma: um livro tão branco quanto a luz que esculpe sua roupa, como sua barba sedosa: um livro no qual, literalmente, nada está escrito!

Tudo será dito nessas duas representações que são contempladas do pórtico. O "ponto de fuga" (interseção do olhar e da linha do horizonte) se torna ou o umbigo de Jonas sobre a abóbada, ou o centro do altar que se integra perfeitamente à perspectiva. No começo, o olho, cegado, nada verá...

O conjunto "altar-abóbada" se destaca em seguida suavemente. Ele terá a forma de um feixe no qual se distingue um mosaico de cores e de luzes, a luz nascendo da cor ou a cor nascendo da luz, em um verdadeiro jorro. Como se o espaço circunscrito pelo olhar não fosse sólido, mas líquido... Então se verá um escoamento de luz, como nas falésias de Carrara, um escoamento no qual se dissolverão não somente o teto, mas também as paredes. Vêem-se flutuar as obras-primas de Botticelli, de Rosselli, de Ghirlandaio, do Perugino, irradiando, fazendo cantar de uma outra maneira suas próprias cores...

Michelangelo foi tomado por uma febre criadora que o manterá quatro anos em cima de seu andaime. A fonte de luz, já entrevista diante dos *Banhistas* (título que decididamente deve ser decodificado assim como os de Leonardo), é também

---

* A "cadeia" associativa de Michelangelo evoca irresistivelmente a de Salvador Dalí no século XX. Para Dalí, esse tipo de raciocínio sintético (ao mesmo tempo intelectual e imaginativo), que procede por identificações sucessivas, adquire valor de método. É o famoso método "paranóico-crítico", exposto em *O mito trágico de Angelus de Millet*.

o pássaro de água e fogo com o qual o artista se identificou em seus sonetos: a Fênix, que pertence ao conjunto dos mistérios pitagóricos, rebatizado de "estrela da manhã" pelo poeta Lactance* em homenagem ao profeta Isaías e ao Apocalipse, que fazem dele o mensageiro do Ressuscitado...

– Ouça como é bonito, Michelangelo – dizia-lhe delicadamente Marsilo Ficin, com sua túnica manchada de tinta e toda amarrotada como se tivesse dormido vestido. – Ouça: a Fênix sai do Nilo** como uma fonte de luz e reilumina o mundo. O astro brilhante nasce do pássaro, que de tanto olhá-lo vai morrer. Então a água bebe seu brilho, e ele retorna ao Nilo, do qual renascerá "macho ou fêmea", ou então nem um nem outro, ou então um e outro...

*

A cadeia das associações se acelera. Michelangelo é tomado por freqüentes crises do que hoje em dia chamamos de "espasmofilia". Ele tenta recuperar o fôlego, seu cérebro funciona rápido demais: Jonas saindo do peixe é a ave fabulosa, o pilar do mundo. Jonas anuncia a morte e a ressurreição com o dedo apontado para Cristo na cruz. Mas sua cabeça atirada para trás e seu olhar aterrorizado dizem também o que ele vê: o jorro de luz da abóbada, no alto, evoca sua própria morte; no topo da escada reservada aos iniciados (as molduras das histórias representam as barras), bem além da Criação, o livro da Verdade no qual, dentro da lógica do eterno recomeço, tudo *é* nada: um livro branco, porque é o destino da Fênix morrer para "nada"!

Através da magia dessa "pequena cadeia" que tanto intrigou Leonardo da Vinci, Michelangelo, naquele dia de janeiro em que completa o projeto da abóbada, "torna-se"

---

* O único cristão que, provavelmente, poupou o imperador romano Diocleciano por ter sido seu professor de retórica. Admirado tanto quanto Cícero pelos lourencianos, Lactance, nascido por volta de 260, foi o primeiro escritor do Ocidente a tentar expor a doutrina cristã no cenáculo culto de Roma.

** Diz-se que a Fênix nasceu do "Nilo" (jogo de palavras com o "nihil" latino, que significa "nada").

sua criação em estágio inicial. Do mesmo modo que Flaubert exclamará, séculos mais tarde, "Madame Bovary sou eu!", Michelangelo escreve quase a mesma coisa em uma carta: "A Sistina sou eu".

Ele mostra isso ao dispensar, sem a menor explicação, os pintores que chamara de Florença. Uma manhã, manda destruir tudo o que eles pintaram e se tranca à chave dentro da capela. Volta para casa ao cair da noite, quando sabe que eles se encontram em seus "postos", abatidos, e se embarrica.

Um dia, percebe que não há mais necessidade de se esconder: os pintores voltaram para Florença profundamente magoados.

Michelangelo atravessa então uma crise de abatimento: ele sonhou alto demais, é indigno de seus divinos projetos*, acusa-se de "desmesura" e considera um castigo justificado a atitude do papa, que se "esquece" de pagá-lo pela tarefa concluída: "Estou me sentindo extremamente abatido – escreve ao pai em 27 de janeiro de 1509 –, já faz um ano que não recebo um ducado do papa; eu não peço nada a ele, pois minha obra não está avançando o suficiente para que eu mereça uma remuneração".

Manteve dois empregados: um para fazer o emboço**, o outro para moer as cores. Eles lhe instalaram um banco de carpinteiro em cima do ladrilho gelado da capela sempre trancada, cuja chave só a possuem o papa e seus enviados. O trabalho pode começar...

---

* Essa alternância de euforia e depressão indica outra vez o parentesco que nós sugerimos com o "Divino Dalí". Sem Gala, sua companheira, Dalí talvez tivesse parado de pintar. O extraordinário em Michelangelo é o caminho completado absolutamente sozinho, tendo por única garantia um "fazer" que tinha eclipses, como sua palavra, como seu comportamento, que lhe parecia digno "de um bufão".

** Mistura de água, cal e pó de *tuf* (pedra porosa nascida das erupções vulcânicas). Michelangelo acrescenta pó de mármore para ela secar mais depressa.

"Uma imagem do coração"

Michelangelo decidiu começar pelo lado da abóbada mais próximo do pórtico. Mas o centro do pórtico constitui para ele, repitamos, o ponto de vista real do futuro espectador. Insistindo no fato de que ele concebe a pintura da abóbada como a transformação de um espaço de duas dimensões em volume, integrando o conjunto da capela, pode-se, sem extrapolação, concluir que ele se conduz nesse caso não apenas como arquiteto, como ele repete, mas também como escultor.

Nas suas esculturas, Michelangelo procede do exterior para o interior: a obra cresce, ele escreve em um soneto, "ao mesmo tempo em que a pedra se esvazia". No cenário da abóbada, ele deveria portanto começar do mesmo jeito, pela periferia (a base, situada acima do pórtico, da pirâmide cujo topo é o centro do altar). Contudo, não é de forma alguma a ordem que ele vai escolher. Deixando um branco para A *embriaguez de Noé*, ele desenha primeiro o cartão de *O dilúvio*, fervilhando de personagens saindo nus da água, como em *Os banhistas*. Que a água venha do céu, onde está a diferença? Continua sendo uma batalha, da vida contra a morte, vence quem salvar a pele empurrando o outro sobre a margem, longe da frágil embarcação. Os "lutadores" são minúsculos, como se tivessem sido dispersos por uma tempestade. Da chuva torrencial que cobre de água o fundo emana uma espécie de luz...

Michelangelo e o aprendiz encarregado do gesso galgam a escada de plataformas que conduz à "ponte", vinte metros acima. O menino coloca o emboço, depois estende o cartão sobre o teto. Com o punção, depois com o carvão, Michelangelo traça os contornos como onze anos antes, quando trabalhava com seu mestre Ghirlandaio nos afrescos de Santa Maria Novella. Enquanto espera que as cores sejam moídas embaixo, ele olha fixamente o labirinto, a seus pés, e suas pernas vacilam...

Como confessará por diversas vezes em suas *Cartas*, Michelangelo sente uma vertigem. Contudo, o labirinto da Sistina o fascina. É um dos locais sagrados da cristandade, os peregrinos devem percorrê-la de joelhos para a própria edificação e penitência... Sim, mas como alcançar o quadrado sagrado que segue os seis círculos consecutivos (como os seis dias da Criação) do trajeto a descobrir, sem saltar nele? Para alcançar a espiritualidade é preciso saltar de um espaço para o outro, reflete Michelangelo, como fez Platão, do sensível ao inteligível. Mas quem pode dar conta desse salto? Ele se sente sugado para o vazio e se mantém erguido com dificuldade...

Reunindo toda a sua energia, o "Divino" está de pé, agarrando sem delicadeza o pincel que lhe estende o ajudante. Começa a pintar com a cabeça inclinada, a pintura escorrendo sobre seu rosto, sobre a barba apontada para o teto a menos de trinta centímetros da abóbada, o gesso lhe entrando pelos olhos. Ele só descerá do andaime à noite, extenuado, e despertará sobressaltado para vestir às pressas suas camisas de lã na luz fraca de uma vela e voltar para a "ponte" glacial de madrugada.

No sétimo dia, estranho acaso, ao subir na "ponte", ele nota um bolor exsudando bem no centro...

Deixando o garoto em lágrimas no alto do andaime, Michelangelo desce novamente as plataformas, sem fôlego, consternado. Mais uma vez, dirige-se como um sonâmbulo ao palácio pontifical, mais uma vez solicita uma audiência com o papa:

– Você de novo, Buonarroti?

Michelangelo está arrasado de vergonha. Não tem medo das palavras que vai pronunciar, mas das lágrimas que mal consegue reter: antes de mais nada, não provocar o desprezo do inflamado Vigário de Cristo...

– Vossa Santidade, eu vou falar sem rodeios – anuncia com uma voz mansa. – Eu bem falei que esta arte não era para mim.

– Não abuse de minha paciência, florentino!

— Vossa Santidade, tudo o que eu fiz se estragou. Se não me acredita, mande alguém ver.

O papa, interessado repentinamente, manda buscar Giuliano da Sangallo para que ele constate os estragos. No entretempo, Michelangelo é despachado, com um gesto, para a antecâmara do palácio, tão gelada quanto a capela.

Sangallo volta menos de uma hora depois, sorrindo, descontraído. Ele o puxa, empurra para o trono pontifical:

— Que Sua Santidade fique tranqüila, vai tudo bem. Michelangelo empregou uma cal muito carregada de água. Basta deixar secar, e o ar destruirá os bolores.

Júlio II parece ao mesmo tempo tranqüilizado e exasperado:

— Você estava procurando uma desculpa para não prosseguir seu trabalho, florentino?

Michelangelo não fica à vontade quando Júlio II lhe dá o nome da sua cidade, sinônimo para o Papa Soldado de "aliado da França". Mais uma vez, ele cai de joelhos, mais uma vez o papa lhe estende por hábito o anel para ele beijar...

Ei-lo no alto do andaime, com Sangallo inteiramente revigorado por ter recuperado o favor do Santo Padre:

— Michelangelo, acrescente uma boa quantidade de poeira de mármore à sua mistura para que ela seque mais depressa! Nós não estamos em Florença. A cal daqui é completamente diferente. E depois, com esse vento do Norte...

Sangallo não voltou às graças, como pensa. Sem nenhuma encomenda e sem seus aprendizes, que o deixaram por Bramante, vê-se obrigado a voltar para Florença, enquanto Michelangelo, uma vez seca a pintura e com o sol de volta, recupera o tempo perdido. Em menos de um mês, esquecendo-se de comer, dormindo muito pouco, ele termina *O dilúvio*, cuja violência latente entusiasma Júlio II:

— Um verdadeiro prodígio, meu filho. Como você procedeu para sugerir tão bem a guerra, você que jamais viveu os tormentos do combate?

Michelangelo não responde. Pensativo, ele aponta para sua testa precocemente enrugada...

Seu cérebro, para ele, se parece com o caldeirão dos alquimistas, que transformam a vil matéria em ouro. Uma noite em que suas idéias fervilham, impedindo o sono, ele escreve:

> Se portanto eu vivo, embora cinza e fumaça,
> Resistente ao fogo serei eternamente,
> Pois fui cunhado em ouro e não em ferro.[10]

Ele é o Eleito de Deus, mas também o rejeitado que, na banalidade do grupo, foi marcado pela esterilidade...

Pensativo, Júlio II sai da capela. Ele pensa em Rafael*, que vive em um luxo quase inimaginável, com uma mulher encantadora, uma multidão de criados e de cortesãos, e que possui seu próprio ateliê... Se Michelangelo soubesse se curvar, como ele, à hipocrisia do jogo social e às intrigas da corte, teria a mesma existência que seu novo rival...

*

Michelangelo prefere contentar-se com uma sinistra casa de tijolo, sem cortinas nas janelas, tendo como todo mobiliário uma enxerga e uma mesa de carpinteiro. Sua vida está em outro lugar, no meio de seus personagens. À medida que eles começam a existir, sente-se renascer. Sobre a plataforma, ele é o ponto de fuga do sagrado e do profano, o "Olho" todo-poderoso que ilumina ou apaga o mundo...

Essa existência retirada é a sua escolha. Quando o cardeal Júlio de Medici (futuro papa Clemente VII), como lembrança de sua infância no palácio do Magnífico, oferece-lhe sua proteção contra Bramante, Michelangelo recusa:

– Afinal, Michelangelo, o cardeal Júlio pode realmente dizer todas as palavras do mundo, mas o que conta, em Roma, são os atos! É preciso que vejam você na minha corte, senão Bramante e Rafael levarão a melhor contra você!

---
* Originário de Urbino como Bramante, Rafael deve a ele sua introdução junto de Júlio II.

Michelangelo observa o rosto amável de Júlio, o olhar carregado de simpatia:

– A bondade do cardeal me toca. Mas ele não conseguiria me impor uma vida de distração incompatível com o meu destino. Eu sou de um outro universo.

Michelangelo tem 34 anos. Seus poemas lamentam breves paixões:

> Como eu vivia feliz,
> Enquanto me era concedido, Amor,
> Resistir ao seu furor!...[11]

Mas, afinal, quem é o destinatário: um passante cuja beleza o perturbou? Michelangelo não vê mais ninguém. Quando volta para casa à noite, entre as quatro paredes nuas, manchado de tinta e de poeira de gesso, ele escuta risos sarcásticos: acham que está louco! Como esse solitário, permanentemente ameaçado, capitão do navio que o destino lhe deu, como esse criador fervilhando da vida que transmite às suas criaturas pode ainda ter o gosto, ou tempo, de se permitir dedicar ao sexo uma parte apropriada? A sexualidade, Michelangelo sublima: quem poderia rivalizar com os soberbos *ignudi*, mais vivos do que os vivos de verdade, que a perspectiva frontal destaca no canto das histórias?

Depois de utilizar, na execução dos *ignudi*, o processo dos *cartões virados**, Michelangelo pintou-os todos diferentes nas diversas posturas engendradas pelas disposições da alma humana confrontada com o ineluctável. Como os *putti* que brincam a seus pés, eles transmitem um sentimento de

---

* Este procedimento, utilizado apenas para os *ignudi* que cercam *O dilúvio*, permitia uma perfeita simetria. É do caráter transitório desse método, e da mudança de escala nas duas Histórias que o enquadram (*O sacrifício de Noé* e *A embriaguez de Noé*), que se deduziu a evidência da prioridade cronológica de *O dilúvio*.

inocência, de total vulnerabilidade diante de uma revelação que os inquieta, aterroriza, intriga, deixa-os pensativos.

Inicialmente, Michelangelo havia concebido os *ignudi* como simples artifícios que permitiam mascarar as modificações de escala. Mas depois a fascinação exercida por eles em sua imaginação foi mais forte do que sua resistência.

Objetos de desejo do pintor, os *ignudi* são inacessíveis. São, literalmente, uma frustração imposta aos sentidos, uma castração de seu criador.

Contudo, Michelangelo vê neles também auto-retratos *a contrario*. Eles têm a beleza de que é desprovido e um corpo que parece de carne e de sangue. Mas, por intermédio do *trompe-l'œil*, eles fazem tudo recuar para a ilusão: não somente as Histórias; não somente o hipotético "espectador" que o pintor imagina perdido no labirinto que está abaixo, mas o próprio pintor, como se tivesse sido expulso do Paraíso.

Assim como Zacarias diante de seu livro branco, assim como Jonas, que só será pintado bem mais tarde, os *ignudi* pertencem ao "outro universo" que o "Divino" evocava de maneira presunçosa em sua conversa com o cardeal Júlio de Medici. Esse mundo é apenas sugerido pelo "belo corpo", símbolo sensível de uma Verdade puramente inteligível, mas também uma cortina enigmática que exclui o pintor.

Como Fênix, a despeito de seus músculos salientes e de seus falos bem presentes, os *ignudi* são "machos e fêmeas ao mesmo tempo, ou então nem um nem outro, ou então um e outro". Mesmo que Michelangelo se pareça com eles, em sua maneira de ser ao mesmo tempo o "pai" que os insemina e a "mãe" que lhes dá à luz, vê-se relegado por seus estranhos olhares a um "entre-dois-mundos", como o anjo de asas cortadas representado por ele na misteriosa *Madona de Manchester*.

Em um soneto para Cavalieri, bem mais tarde*, Michelangelo formulará de maneira muito clara o angelismo que ele apenas deixa entrever entre 1510 e 1511 e que remonta aos fundamentos da mitologia grega:

---

* Por volta de 1540.

Quem me dera, por um feliz acaso,
Enquanto Febo* incendiava o monte,
Ter levantado vôo, quando podia,
E com suas asas encontrar suave morte.

Mas eu o perdi (...)
Suas plumas foram minhas asas, o monte
meus degraus, Febo sôfrego nos meus passos.[12]

Nesse momento, Michelangelo se extenua pintando os trezentos personagens que povoam sua imaginação:

– Você vai precisar de quarenta anos! – disse o amigo Granacci, erguendo seus largos ombros, no dia em que, depois de ter sido dispensado, voltou para Florença.

*

Para pintar a metade da abóbada, Michelangelo levará apenas um ano e meio. Contra a vertigem, um dos aprendizes construiu segundo seus planos uma nova plataforma que lhe permite trabalhar sentado, a alguns centímetros do teto, com a boca aberta para recuperar o fôlego... como se ele tivesse o poder de comer suas criaturas à maneira do deus devorador do Egito antigo! A posição é uma verdadeira tortura: a nuca torcida, os joelhos colados na barriga. Michelangelo se protege como pode da poeira de mármore...

Uma manhã, Michelangelo tenta em vão ler uma carta de Buonarroto. Ele fecha os olhos, torna a abri-los com uma espécie de névoa... Não apenas suas costas se curvaram e seu ventre ficou flácido, não apenas seu rosto está cavado por rugas precoces; porém, na plena maturidade de sua arte, ele está prestes a ficar cego!

---

* Alusão à lenda de Hélio-Febo (o sol), fundador de toda a mitologia antiga. Encontra-se a narração detalhada não somente nas *Metamorfoses* de Ovídio (que fala de um Dilúvio do qual renascerá um novo mundo), mas também no *Timeu* de Platão: Faeton, filho natural de Febo, desafia a proibição de seu pai e toma emprestado o carro do Sol, provocando um cataclisma universal comparável ao mito da Queda na Bíblia.

Ei-lo de novo prostrado e injuriado. Em uma carta de 1510 para o pai, ele culpa de sua cegueira, felizmente passageira, um de seus ajudantes, cuja incompetência o torna "infeliz como um animal"...

É a época em que compõe este soneto magnífico, acompanhado de uma caricatura representando-o no trabalho. Dedica-o a seu amigo Giovanni de Pistoia*. Sua ironia ácida lembra a de François Villon:

Por fazer este trabalho, me cresceu um papo,
como faz a água aos gatos na Lombardia
ou em qualquer outra terra por aí, pela força,
minha barriga aponta para o queixo

A barba espeta para o céu, o crânio se apóia na corcunda,
o peito ficou parecido com o de uma harpia,
e o pincel, pingando no meu rosto,
cobriu-o com um suntuoso assoalho.

As costas entraram pela pança,
e por contrapeso as nádegas se tornaram a espinha.
Os passos vão ao acaso, não são guiados pelos olhos.

Diante de mim se estira minha pele, atrás,
de tanto franzir ela encolhe,
e eu me estendo como um arco de Sorie.

Por isso meu julgamento,
fruto da inteligência, jorra, falacioso,
e errôneo, pois se atira mal com uma zarbatana entortada.

Doravante, Giovanni, preserve minha pintura
morta e minha honra, pois aqui não estou
em lugar que me convenha,
e eu não sou pintor.[13]

---

* Pintor originário de Pistóia, perto de Florença.

Em setembro de 1510, o recluso está abismado na contemplação da torrente luminosa que jorra de seu teto onde se movem as cores, ainda tão suaves*, irradiadas pelos corpos nus... Finalmente, a primeira metade da abóbada foi completada!

*

Antes de partir outra vez em campanha, Júlio II benzeu o trabalho, exigindo que a semi-obra de "seu" pintor fosse imediatamente revelada ao público. A corte inteira e todos os artistas acorreram. Rafael, excelente imitador, não hesitou em copiar os profetas e as sibilas na sua decoração de afrescos da Igreja della Pace. Bramante tentou fazer com que ele alugasse a outra metade da abóbada, mas o papa recusou a proposta imbecil: fora conquistado pelo gênio de Michelangelo.

Michelangelo desce lentamente da plataforma. Com 35 anos, parece ter dez mais. Ele vai fazer um pouco de repouso antes de empreender uma viagem a Bolonha para obter do Santo Padre o dinheiro indispensável: é preciso pagar os operários que deslocarão o andaime, mas ele não tem mais um único ducado para sobreviver! Suas cartas, escritas entre 1509 e 1512, demonstram a exploração perpétua de que é objeto por parte da família:

Seu irmão Buonarroto, empregado do banco Strozzi, assedia Michelangelo, pretendendo ser ele o devedor. Seu irmão Giovan Simone exigiu um fundo de comércio; seu irmão Gismondo lhe deve as terras que ele deixa sem cultivo perto de Florença... Não lhe demonstram nenhum reconhecimento e continuam reclamando, chegando a avançar de maneira vergonhosa em um capital que Michelangelo deixou em um banco florentino. Multiplicam ameaças e invectivas: nada muda.

Em janeiro de 1509, Michelangelo escreve a Giovan Simone, que, trinta anos antes, chegara a brutalizar o pai para lhe subtrair dinheiro: "(...) agora eu tenho certeza de que você não é mais meu irmão, pois, se fosse, não teria

---

* Imaginemos a roupa azul clara de Deus em *A criação de Eva*!

massacrado meu pai. *Você é de fato um animal, e eu o tratarei como um animal...*"

Dois meses depois, como um Deus vingador, ele recidiva: "(...) eu sou homem para fazer em pedaços dez mil de seus semelhantes se for necessário. Por isso, comporte-se!" No outono, ele escreve a Gismondo: "Há muito pouco tempo tenho condições de comer à vontade. Pare de me causar tormentos, pois eu não poderia mais suportá-los por mínimos que sejam." Finalmente, chega a vez de Buonarroto, seu preferido, com quem partilhava a cama durante a adolescência: "Gostaria muito de saber se você pode dar conta dos 228 ducados que tirou de mim no banco Santa Maria Nuova e de muitas outras centenas de ducados que lhe mandei. *Você nunca me conheceu, e não me conhece (...), mas só vai reconhecer quando não me tiver mais.*"

*

Em Bolonha, aonde ele vai vez por outra, Júlio II não tem vontade de dar nem um ducado a Michelangelo: está em plena campanha contra Ferrara, que lhe inflige uma derrota atroz em maio de 1511, obrigando-o a deixar Bolonha precipitadamente.

De volta a Roma, o Vigário de Cristo decide organizar na mesma hora o Concílio de Latrão, que deve acontecer em maio de 1512. Mas o campo de batalha parece ter abalado sua saúde. Atacado de malária, fala-se que ele estaria morrendo... Conhecem-no bem mal: verdadeira força da natureza, ele se restabelece em alguns dias, enganando todos os cardeais da Itália reunidos em Roma com o objetivo de eleger um novo papa...

Os trabalhos da Sistina são, pois, retomados em fevereiro de 1511. Em janeiro, Júlio II conseguiu dedicar tempo às finanças destinadas aos soldados: uma soma foi alocada a Michelangelo. Ela é suficiente para erguer o andaime, mas o pintor não pára de se queixar de problemas de tesouraria relativos à compra de cores e de material, ao salário de seus dois ajudantes... e à sua própria comida.

Um ano e meio para pintar a primeira parte da abóbada, um tempo praticamente igual (de fevereiro a outubro de 1512) para terminar a obra, à razão de dezessete horas de trabalho por dia. O comum dos mortais aplaude, incrédulo diante da rapidez daquele trabalho de titã.

Contudo, no dia 31 de outubro de 1512, dia em que Júlio II revela a abóbada ao público, Michelangelo está em desespero:

– A obra não está terminada como eu queria – confia a seu biógrafo Condivi. – Fui impedido pela pressa do papa.

Óbvio... enquanto ele pintava, o papa não parava de atrapalhá-lo, subindo sobre a "ponte" por uma escada cavilhada reservada somente para o seu uso. Então Michelangelo era obrigado a largar o pincel, enxugar como podia as mãos nos trapos e estender um punho nauseabundo ao velho homem para ajudá-lo a alcançar a plataforma:

– Afinal, Buonarroti, você ainda não terminou a capela?

– Desgraçadamente não, Santíssimo Padre!

Júlio não se extasia diante dos coloridos mais intensos, das nuances mais delicadas ou da audácia do desenho. Sem sequer notar que, em *O pecado original e a expulsão do paraíso*, a serpente é uma mulher, ele resmunga:

– Maldito florentino!

Michelangelo pinta o gesto sublime de Adão, com os dedos para sempre separados da mão divina, e Júlio nada vê. Michelangelo se esgota no movimento giratório das três etapas da criação do mundo, ousa engendrar Deus emergindo do fundo do espaço e do fundo dos tempos... e Júlio não vê nada.

Michelangelo baixou o tom, ele fala no ouvido de Condivi, fazendo-o prometer não divulgar o que está murmurando:

– "Deus criou o homem à sua imagem", me dizia Marsilo Ficin... Se refletir bem, meu amigo, você compreenderá o sentido profundo da fórmula bíblica: "O homem *é* Deus", eis o que ela nos diz.

— Como pode querer que eu escreva uma blasfêmia dessas na minha *Vida de Michelangelo*? — sorriu gentilmente Ascanio Condivi, dirigindo a Michelangelo o olhar falsamente sonhador dos grandes míopes...

— Sob meu pincel Deus adquiriu os traços de um bom velhinho, tornou-se humano, tão humano... e Júlio não viu nada! Ele pensava em outra coisa — nota Michelangelo. — No perigo bolonhês, no perigo francês, na Espanha, no imperador. Ele não pode lutar em todas as frentes! E além disso está se aproximando dos setenta anos, sente as forças o abandonarem... com seus ducados! Ao voltar de Bolonha, disseram que ele havia empenhado a tiara contra quarenta mil ducados...

Uma tarde, o papa chega mais cedo do que de costume, fazendo soar sobre o ladrilho de maneira alarmante sua bengala trabalhada. Visivelmente fora de si, por mais de uma vez quase cai da escada que galga como um alucinado, estorvado pelo traje suntuoso como o de uma boneca de carnaval:

— Quando terminaremos esta capela, florentino?

Júlio não fala, grunhe *como um animal*, lançando a "seu" pintor um olhar desdenhoso...

— Terminarei quando puder — responde secamente Michelangelo, negligenciando as fórmulas usuais.

— Quando eu puder! Quando eu puder! — explode o papa, parodiando a voz de Michelangelo. — Quando eu puder! — conclui, abatendo a pesada bengala no ombro do recalcitrante...

Os dois homens se encaram, fulminados por sua mútua *terribilità*. Sem uma palavra, Michelangelo designa ao Santo Padre o primeiro degrau da escada.

Júlio II, vermelho de cólera, diz aos brados:

— Você vai aprender, florentino, que não é você quem manda. Quer que eu mande meus cortesãos atirá-lo de cima deste andaime? Fora, e que o diabo o carregue!

O Vigário de Cristo acaba de repetir quase textualmente as palavras que usou contra o bispo no palácio dos Dezesseis. O infeliz prelado foi encontrado todo ensangüentado, seminu... e mesmo assim foi uma sorte, na euforia geral, não o terem enforcado na janela.

– Então – continua calmamente Michelangelo se dirigindo a Condivi –, ferido no meu orgulho e temendo pela vida, desci precipitadamente a escada e corri para casa para juntar alguns pertences e voltar a Florença o mais rápido possível...

– Mas como conseguiu sair são e salvo do caso? Você não deixou Roma!

– Não. Arcusio, o enviado do papa, você sabe, o jovem Apolo a quem ele nada recusa, Arcusio então bateu na minha porta e me estendeu quinhentos ducados, me transmitindo as desculpas do Santo Padre!

– E então?

– Então eu cedi. Peguei a caneta e escrevi a meu pai que eu estava quase terminando a capela, que o papa estava contente e que nossa época era pouco propícia às artes.

O papa mandou demolir a "ponte". Decidiu celebrar a missa dentro da Sistina no dia de Todos os Santos.

Ele chegou a sugerir, após o desaparecimento do andaime, que Michelangelo acrescentasse no alto um pouco de ouro, como era o costume: a capela onde são eleitos os papas não deve parecer pobre...

– Santo Padre – respondeu com familiaridade Michelangelo, nem um pouco entusiasmado com a idéia de reconstruir a "ponte" –, os homens daquele tempo eram santos, e os santos desprezam as riquezas!

*

Na véspera de Todos os Santos, todos os dignitários, em traje de cerimônia, se aglomeraram diante do altar para a inauguração, tão cheios de admiração, tão míopes quanto Condivi.

Do pórtico talvez enxergassem com mais clareza, a menos que seus preconceitos não os cegassem como a fonte luminosa quando se está vindo do lado de fora...

Sobre a mediana que sobe do centro do altar, bem no alto da escala da Criação, bem no alto da linha que vai do umbigo de Jonas à fronte calma de Zacarias inclinado sobre o livro branco, o que se distingue? Minúsculo, mas bem real – luminoso, ousaríamos dizer –, o falo em ereção de um dos filhos de Noé.

Então, o que contempla bem abaixo Jonas aterrorizado? O Criador que emerge da noite exatamente acima de sua cabeça? O órgão escandaloso, jamais representado nem antes nem depois dentro de uma igreja?

Com o rosto virado para os fiéis, sentado sobre um pedestal à esquerda do profeta Daniel (o anunciador do Reino de Deus), um *ignudo* "surpreso" invoca nosso testemunho na pose perfeita do *voyeur*.

"Esta obra é verdadeiramente a chama da arte moderna", declara com a maior seriedade do mundo o biógrafo Vasari. Evitemos os jogos de palavras duvidosos: o extraordinário teto da capela é um labirinto que reinventa à sua maneira o do pavimento de mármore: seis dias, aos quais se acrescenta o ciclo incongruente da tripla história de Noé. O olho se habitua, o "percurso" se põe em movimento como um jogo ofuscante da forma e do fundo...

Onde está o sagrado? Onde está o profano? O sexo em ereção é o sinônimo de nossa redenção ou de nossa danação*? Qual é o sentido do livro branco? São perguntas a serem feitas às sibilas impávidas, aos profetas pensativos: Michelangelo apresenta um enigma, em outras palavras, uma pergunta que admite uma infinidade de respostas ou então nenhuma. Ele nos obriga a saltar dentro do inconcebível da pura espiritualidade ou da "pura Idéia" platônica, a que não poderia excluir do amor dos "belos corpos", primeira etapa iniciática, o falo que

---

* O rosto do *ignudo* "surpreso" e o de Jonas não levam a crer em uma simples provocação do artista...

se refere talvez, para além da homossexualidade latente de *A embriaguez de Noé*, à aspiração à androginia original.

Do jorro luminoso que "dissolve as paredes do Templo*", Michelangelo fará o símbolo de toda a sua obra. Ele o diz, ele repete: o que propõe é uma *imagem do coração* – rebelde ao nosso entendimento.

Freud responderia talvez que Michelangelo sugeriu, com séculos de antecedência, a luta antediluviana do instinto de vida e do instinto de morte...

---

* Exigência formulada no Apocalipse: na Jerusalém messiânica, não haverá mais templos.

A maldição dos túmulos

No outono de 1512, Michelangelo não cogita repousar. Ele não tem tempo, pois finalmente vai poder esculpir! É um de seus únicos momentos de felicidade que o destino lhe permitirá. Ele volta ao mármore empilhado há mais de seis anos no ateliê da praça São Pedro, examina os blocos... Em seu estudo para a *Sibila da Líbia* já figuram diversos esboços dos *Escravos* previstos para a base do monumento...

"Eu vou bem – declara, sem outro comentário, em uma carta dirigida ao pai – e estou trabalhando." Nem uma palavra sobre a morte de Júlio II em fevereiro de 1513.

Michelangelo ficou profundamente abalado com o desaparecimento inesperado daquele homem que se parecia com ele. Precisará de anos até poder evocar a lembrança do papa das cóleras assustadoras e do olhar malicioso como o de uma criança.

– Giorgio – declarará quase meio século mais tarde ao surpreso Vasari –, você me cansa com sua genealogia de Cristo. E se nós falássemos de seu Vigário? De todo modo é a ele que tudo se refere...

– O que você quer dizer, Michelangelo? – interroga docemente o amigo. – Está pretendendo admitir que Júlio II seja a reencarnação de Jesus?

– Claro que não! Estou falando da abóbada da Sistina. Foi de fato Júlio quem decidiu, mesmo que não estivéssemos de acordo a respeito do tema... E que temperamento! Eu previa seus mínimos humores e ria deles, eu o amava tanto!

O escultor detesta os arroubos sentimentais. Levanta-se e, depois de um sorriso amistoso ao minúsculo biógrafo que às vezes o irrita quando junta as mãos, com os olhos baixos como se estivesse se dirigindo a Deus em pessoa, esquiva-se subitamente, com os olhos cheio de lágrimas.

*

Em seu leito de morte, Júlio II estabeleceu o que Michelangelo deplorará como sua própria danação: de fato, ele encarregou seus executores testamentários, os cardeais Lorenzo Pucci e Leonardo Della Rovere (sobrinho de Sisto IV), de enviar ao artista dez mil ducados. Uma soma enorme e bastante bem-vinda para aquele que vai finalmente poder comprar um ateliê à sua altura. Só que os dez mil ducados não são para recompensar somente os anos passados sob a abóbada da capela Sistina... mas também para a execução do túmulo! Os dois prelados juraram ao moribundo velar pela execução do monumento nos sete anos seguintes ao seu desaparecimento... O prazo perseguirá Michelangelo como uma maldição até o fim de sua vida.

Para tentar esquecer o peso do testamento, Michelangelo compra, no bairro do Macello dei Corvi*, perto do Fórum Trajano, a ampla casa com um jardim, onde viverá até morrer. Ela a mobilia confortavelmente, manda vir de Florença os panos mais preciosos, contrata serviçais, passa a comer comidas finas...

O rumor faz do "Divino Michelangelo" uma lenda que ele aprecia estimular. Quem se lembra agora do pobre-diabo que saía cambaleando da capela, todo "embolorado"? Comenta-se que o escultor circula parecendo um príncipe, em cima de um magnífico puro-sangue, enrolado em um manto de cetim da cor do horizonte...

Na verdade, Michelangelo vive recluso no meio dos seus gatos, das suas galinhas, e na companhia dos três assistentes florentinos. Está absorvido na escultura dos blocos de mármore que ele mandou trazer da praça São Pedro, tendo em vista a execução dos cerca de quarenta personagens que imagina sobre o túmulo.

Um pouco mais tarde, avaliando a enormidade do trabalho, contrata escultores, fundidores, carpinteiros, que se matarão de trabalhar, da madrugada ao crepúsculo, para edi-

---

* Bairro ainda semi-rural, perto do Fórum Trajano. O Macello dei Corvi não existe mais, porém as gravuras de Étienne du Pérac (metade do século XVI) dão uma idéia bastante precisa dele.

ficar sob sua direção, no pátio da casa, a fachada do túmulo. Apenas a execução dos personagens lhe tomará anos!

Entre maio de 1513 e julho de 1516, ele conclui primeiramente *O escravo revoltado* e *O escravo moribundo*, diretamente inspirados nos *ignudi* da Sistina, exprimindo cada um uma atitude diante da morte. Em tamanho natural, *O escravo moribundo*, de músculos pouco aparentes, adelgaçado mais ainda pela elegância de sua pose, parece já se abandonar à doçura do rio Lethe do *Paraíso* de Dante. Maciço, mais grosseiro em sua execução, *O escravo revoltado* não deixa de lembrar a resistência desesperada do *Laocoonte*.

O *Moisés*, de tamanho ainda superior ao *David* e claramente inspirado no *São João Evangelista* de Donatello, vibra com a *terribilità* do maior dos profetas. Ele encarna ao mesmo tempo a vontade, o gênio e também o poder; é dele o privilégio de transmitir ao comum dos mortais as Tábuas da Lei que segura cuidadosamente sob os braços. A eleição divina o aparenta ao todo-poderoso Revelador do Apocalipse, ao intratável Júlio II, ao indomável Michelangelo, ao fascinante Magnífico, assim como àquela heróica República de Florença, teatro de uma tragédia sempre relembrada, que o escultor reaproxima da Jerusalém celeste... Sentado, Moisés mede mais de dois metros. Serão necessários dias, noites parcamente iluminadas pela vela de pé sobre o chapéu de papel, para definir as linhas de força da estátua, equilibrar os pontos salientes do bloco que produzirão o movimento na imobilidade...

Às vezes, Michelangelo deixa o chapéu improvisado, deita-se na poeira branca e, entre a vigília e o sono, imagina um Moisés de rosto talhado a golpes de podão como o do Papa Soldado, jogando o anátema sobre Florença, expulsando Soderini e os membros da Signoria como adoradores do veado de ouro, instalando um novo Conselho presidido pelo cardeal Júlio de Medici*...

---

* Bastardo de Giuliano de Medici, o defunto irmão de Lorenzo, o Magnífico. Torna-se papa sob o nome de Clemente VII. No entretempo, seu primo Giovanni (o papa Leão X, que foi o sucessor de Júlio II) faz com que seja legitimado por bula pontifical.

Que mudança! Michelangelo sentou-se no jardim com a vela na mão: revê o gordo Leão X (Giovanni de Medici), recentemente eleito pelo concílio, tão absolutamente ridículo sob a tripla tiara. Balançando em cima de seu cavalo, por pouco não caiu sob o arco do triunfo erguido pela colônia florentina. O primeiro papa Medici! Tão jovem (mal chegou aos trinta anos) e já tão feio!

Michelangelo fazia parte do séquito do soberano pontífice. Um notável "modelo-vivo", Leão X! Se ele tivesse ousado... O soberano pontífice descera desajeitadamente do cavalo e desabara, cômico, sobre o trono de Latrão!

E seus festins dignos dos imperadores romanos! Num deles, o escultor cruzou com Rafael, desvairado, com os cabelos precocemente embranquecidos... Depois da morte de Bramante, em 1514, o infeliz pintor recebeu o encargo, junto com Giuliano da Sangallo, de prosseguir a construção de São Pedro. As paredes de Bramante apresentam tamanhas fissuras que será preciso provavelmente cavar até as fundações... O infortunado "favorito do príncipe" nada conhece de arquitetura... Abandonando as *Stanze*, e tratado como uma marionete pelo Mestre dos Mestres, tem que honrar suas festas, dar opinião sobre os manuscritos raros que seus enviados supostamente tão cultos quanto os do Magnífico desencavarão nos quatro cantos do mundo...

*

Leão X não é nem bobo nem malvado, diz para si Michelangelo. Mas o homem que detém o poder, que mal completou 32 anos, é primo dele, o cardeal Júlio... Este é muito mais inteligente! Não tão mal para o malfadado túmulo: ele acaba de expulsar de seu ducado Lorenzo de Urbino*, herdeiro de Júlio II! O cardeal Júlio tem a diplomacia de um Maquiavel: o manso Giuliano de Nemours**, filho mais moço do Magní-

---

* Primogênito de Pietro de Medici, nascido em 1492 e morto prematuramente em 1515. Sua filha Catarina será rainha da França.

** Giuliano de Nemours, nascido em 1479, não viverá muito mais tempo do que Lorenzo de Urbino. Ele morre em 1516.

fico, escolhido para ser o sucessor do gonfaloneiro Soderini, deslocado como um pião sobre um tabuleiro de xadrez, é, pois, feito "conde de Roma"! Que mascarada! Perigoso em Florença, Giuliano! Ele tem a nobreza do pai, os florentinos o adoram... Em vez dele, Lorenzo, filho do imbecil Pietro, muito mais manipulável do que Giuliano, é promovido a gonfaloneiro de Florença!

— O cardeal Júlio tem simpatia por mim — conclui Michelangelo. — Leão X também, mesmo que eu não seja, como ele, um apóstolo de Epicuro. Mas está embriagado pelo poder e descontente com o fato de a glória me ter sido oferecida por seu antecessor. Sua intenção seria fazer de mim seu lacaio, como fez com Rafael?

Ele acaba de receber de seu amigo veneziano Sebastiano Del Piombo* uma carta que não augura nada de bom:

"Quando o papa fala de você — escreve ele a Michelangelo —, parece que está falando de um de seus irmãos, as lágrimas por pouco não lhe vêm aos olhos. Ele me disse que vocês foram criados juntos e afirma que o conhece e que o ama: *mas você mete medo em todo mundo — até nos papas*."

Leão X parece querer domesticar até Leonardo, que Giuliano mandou instalar no Belvedere. Encomenda-lhe seu retrato, que não chega.

— Dizem que Leonardo está experimentando novos pigmentos — afirma um aprendiz.

— Não, é que suas máquinas se aborreceram — zomba seu vizinho —, apenas isso!

— Ele está com malária — assegura um terceiro, dando de ombros, fatalista.

Na verdade, Leonardo, profundamente impressionado com a abóbada da Sistina, mesmo deplorando a "dramatização[14]" de Michelangelo, decidiu aperfeiçoar seus conhecimentos de anatomia e se dedica tranqüilamente às alegrias da dissecação no Hospital Santo Spirito.

---

* Pintor veneziano, mais moço do que ele dez anos. Torna-se célebre em 1519 por seu *Retrato de Cristóvão Colombo*, que ainda hoje nos Estados Unidos é a imagem de sua representação quase oficial.

A notícia faz o Santo Padre ficar furioso. Ele ameaça de excomunhão o gênio septuagenário, cobre-o de vergonha, escarnecendo na corte sua "inadaptação*"...

Michelangelo fica inquieto, com toda razão: os herdeiros de Júlio II, como o ex-duque de Urbino, são Della Rovere... Ele sente a iminente reprovação pontifical e exibe uma atividade frenética. Mandou um *expert* a Carrara para escolher e despachar os enormes blocos nos quais ele vai talhar as *Vitórias* e comprou diversos tonéis de cobre para o friso: é preciso terminar o túmulo em um ano!

Em janeiro de 1516, em seu retorno de Bolonha, onde as derrotas sucessivas o obrigaram a assinar um tratado de paz com Francisco I (assistido por acaso pelos mercenários de Della Rovere), Leão X confirma as mais angustiantes premonições do escultor. Um projeto de revestimento da fachada da Igreja San Lorenzo, igreja paroquial dos Medici, construída por Brunelleschi, foi proposto e aceito não só por Michelangelo, como também por Jacopo Sansovino**, Giuliano da Sangallo e Baccio d'Agnolo***.

Em uma carta, Sansovino reclama veementemente de Michelangelo por sua atitude duvidosa visando a eliminar os rivais. Ela leva a pensar que o "Divino", firmemente decidido a trabalhar sozinho, nem sempre era tão íntegro quanto pretenderão seus biógrafos. Em outubro de 1516, a morte de Giuliano da Sangallo deixa como último "concorrente" apenas Baccio d'Agnolo. Michelangelo varre, como um brinquedo sem importância, a maquete de seu colega mais velho:

– Pueril! – limita-se a zombar, saboreando a palavra escolhida.

---

* Na mais completa indiferença, Leonardo acabará deixando Roma em 1517, convidado pela França. Nomeado "primeiro pintor do rei da França", morreu nos braços de Francisco I dois anos mais tarde, com a idade de 75 anos.

** Figura importante da escultura e da arquitetura florentinas.

*** Gravador e arquiteto florentino de grande renome. Aluno de Antonio da Sangallo, dito "o Antigo", dirigiu a restauração do Palazzo Vecchio e da Sala do Conselho da Signoria. Foi chefe de canteiro da construção do Domo entre 1508 e 1510.

"Eu quero fazer dessa fachada uma obra que seja um espelho da arquitetura e da escultura para toda a Itália" – escreve ele.

Aparentemente, ele se esqueceu por completo, na euforia de um projeto tão grandioso, da "obsessão lúgubre" da sepultura de Júlio II!

Ele parte imediatamente para Carrara a fim de controlar a extração de um número impressionante de blocos que devem permitir não somente revestir a fachada, como também esculpir o resto do túmulo.

Fica lá mais de um ano, brutalmente chamado à ordem por uma carta de fevereiro de 1518 do cardeal Júlio de Medici, que o acusa abertamente de ter se deixado "comprar" pelos carrarenses:

"Manifestou-se em nós uma certa suspeita de que o senhor esteja do lado dos carrarenses por interesse pessoal e de que esteja querendo depreciar as carreiras de Pietrasanta (...). Sua Santidade deseja que o trabalho seja empreendido com os blocos de Pietrasanta, e nenhum outro."

Michelangelo é seguramente amigo pessoal do marquês de Carrara. Mas a questão não está aí: não há estrada para ir a Pietrasanta!

– Basta abrir uma – responderá secamente o cardeal Júlio.

Muito bem recebido na sua volta ao Vaticano, Michelangelo não precisou de explicação quando o prelado tomou a palavra em vez do soberano pontífice: Pietrasanta faz parte das carreiras florentinas, não será necessário pagar o mármore, mas apenas a mão-de-obra...

*

As provações se sucedem. O marquês de Carrara se recusa a entregar o mármore já extraído de suas carreiras; uma vez construída a estrada até Pietrasanta, e a extração executada com enormes dificuldades*, as embarcações não chegam a Florença... Os pedreiros e os marinheiros apóiam-se uns nos outros. Trata-se já de uma espécie de greve precursora, destinada a sustentar um monopólio:

"Os carrarenses compraram todos os donos de barcos... Preciso ir a Pisa (...). As barcas que eu aluguei em Pisa nunca chegaram. Creio que fui ludibriado: sempre acontece comigo!" – escreve Michelangelo a seu criado e amigo Urbino na primavera de 1518.

Para matar o tempo, ele amplia sua casa de Florença, ensina Buonarroto a fazer um livro de contabilidade...

No dia 10 de março de 1520, o cardeal Júlio, exasperado, manda convocar o escultor ao palácio Medici. A atmosfera é triste, os dois homens se encontram ao sair da Capela Benozzo Gozzoli, onde o cardeal celebrou uma missa de réquiem para o jovem Lorenzo de Urbino, morto no ano anterior de uma gripe com a idade de 27 anos, três anos depois de seu primo Giuliano de Nemours. Os Medici não têm nenhum descendente legítimo para representá-los.

O cardeal está com o rosto rígido, a voz glacial. Sua longa silhueta se destaca, majestosa, indiferente, no átrio agora deserto:

– Eu tenho tranqüilizar o governo de Florença, e este instante me custa um tempo precioso. Em duas palavras: nós tomamos a decisão de rescindir seu contrato de 1518 para a fachada de San Lorenzo.

O papa já se afastou, um grupo de cortesãos eficientes proíbe qualquer contato direto com ele...

Quatro anos perdidos! E com os herdeiros de Júlio II atrás dele!

> Não cobro do cardeal os três anos que eu perdi aqui. Não lhe cobro o fato de estar arruinado por causa dessa obra de San Lorenzo. Não cobro a enorme afronta (...). Tudo pode ser resumido assim: o papa Leão retoma a carreira com os

---

* Difícil imaginar a extração direta da falésia virgem, sem plataformas, sem níveis intermediários...

blocos talhados; vai me sobrar o dinheiro que tenho em mãos: quinhentos ducados e a minha liberdade devolvida.[15]

Michelangelo volta para sua moradia florentina, em ruínas, odiando a si mesmo. Sem empolgação, executa o aborrecido *Cristo de Minerva* para o banqueiro romano Metello Vari... Restam-lhe apenas duzentos ducados! E aquele túmulo que lhe pagaram adiantado!

O escultor recusa visitas. Tranca-se com os quatro *Cativos* que ele quer arrancar ao mesmo tempo do mármore que os aprisiona: os quatro gigantes (perto de três metros de altura) não ilustrarão, juntos sobre o túmulo, o ciclo de eterno recomeço?

Os cativos, impressionantes como se lutassem contra a ganga da pedra de que foram feitos, permanecerão inacabados. Pouco após o abandono do projeto da fachada de San Lorenzo, o papa e o cardeal Júlio fazem chegar a Michelangelo, por intermédio de seu amigo florentino Salviati*, uma encomenda para a nova sacristia da Igreja de San Lorenzo de Florença: trata-se nada menos do que esculpir dois túmulos onde repousarão os corpos de Lorenzo, o Magnífico, e seu irmão Giuliano.

Michelangelo resistirá à insistência pontifical durante várias semanas. Pensa na sua dívida com Júlio II, na sua dívida com o Magnífico, treme de medo ante a idéia de ter que enfrentar os herdeiros de Della Rovere... mas no fim acaba aceitando. A morte de Rafael, aos 37 anos, aterrou-o:

– Nós não nos apreciávamos – pensa. – Mas ainda assim... ele se consumiu como um meteoro: nos últimos cinco anos pintou as *Loggias*, *A sala do incêndio*, *A farnesina*, construiu a Villa Madame, assistiu à construção de São Pedro, fundou a escola mais reputada da Itália...

O escultor avalia a brevidade da passagem sobre a terra e a luta constante a empreender, como o *Laocoonte*, contra as forças de morte que se opõem à "verdadeira" vida. No que

---

* A amizade deles remonta ao ateliê de Ghirlandaio.

consiste a verdadeira vida? Em baixar a cabeça sob o jugo dos herdeiros de um papa inflexível? Em honrar essa recente encomenda que o estimula novamente?

Depois de entregar a Salviati uma carta destinada ao papa, Michelangelo toma o caminho da capela, ainda em construção. As paredes da sacristia ainda não têm revestimento. Ele imagina os reflexos da *pietra serena*, essa "luz sobre a praça" que, para ele, abre o mundo...

– A *pietra serena*... o mármore branco das tumbas: uma luz pulverizando os limites da sacristia – pensa Michelangelo. – Afinal, eu liquefiz as paredes da Capela Sistina com uma pintura que rendia homenagem à arquitetura e à escultura!

As associações se aceleram: "Tudo *é* Nada", dizia decididamente o livro de Zacarias, branco como o sol quando se levanta, ou como a Ave emergindo do Nilo... Michelangelo volta mais uma vez às suas nove Histórias recuando para trás das sibilas mudas e dos *ignudi* inacessíveis: ele deve, outra vez, fazer explodir os limites da ilusão, mostrar o impensável sob a aparência, é sua missão!

Platão disse-o bem, conclui o escultor, a arte é uma "imitação". Minha missão é copiar a linguagem do Mundo. Vida e morte, dia e noite, o ciclo dos contrários remete a um além dentro do qual eu incito a "saltar", como no quadrado do labirinto. Além da vida, além da morte, existe... existe...

É numa tarde como essa que Michelangelo, sem mais imagens, sem mais palavras, escreverá:

> *Vivo de minha morte e, se bem observo,*
> *feliz convivo com infeliz sorte;*
> *e quem viver não sabe sem angústia e morte*
> *que venha para o fogo em que derreto e ardo.*[16]

No último momento, o papa acrescentou à encomenda dois túmulos suplementares: os de Giuliano de Nemours e de Lorenzo de Urbino. Michelangelo, premido pelo tempo, só executará estes últimos.

*

Michelangelo desenha durante meses, até o outono de 1521. Começa pelo sarcófago do duque Giuliano*, para o qual imagina duas alegorias: *O dia* e *A noite*. Sobre o do duque Lorenzo**, duas outras figuras simbólicas: *A aurora* e *O crepúsculo*. Em nichos encimando os túmulos, as estátuas de tamanho natural, muito idealizadas, do jovem Giuliano (figurando a vida ativa) e de seu primo Lorenzo (símbolo da vida contemplativa) olharão, na parede em frente, para uma *Virgem com o menino*.

Os modelos das alegorias serão homens, como para a *Sibila da Líbia*. As estátuas, maciças, espalhadas sobre os sarcófagos, os farão parecer menores. *A noite*, com o rosto na sombra, terá a Lua e uma estrela como diadema; ela se apoiará sobre uma máscara trágica e parecerá prestes a dar um salto. *O dia* emergirá apenas parcialmente do mármore. *A aurora* se voltará suavemente para o fiel, como se quisesse tomá-lo por testemunha de seu sofrimento. *O crepúsculo*, bem mais velho, dirigirá para o sarcófago um olhar triste, porém resignado.

Como na abóbada da Sistina, Michelangelo previu que os personagens pareceriam mais verdadeiros do que os visitantes. A estrutura dos túmulos, com pilares, frontões, nichos, de altura e profundidades variáveis, joga com as leis da forma e do fundo... As estátuas avançarão, o túmulo recuará...

O espectador se sentirá expulso desse lugar fechado, sem portas nem janelas (janelas em *trompe l'œil* que se abrem para baixo acentuam a vertigem da perspectiva), e será literalmente aspirado pela cúpula que se irradia como um sol***.

---

* Esculpido entre 1531 e 1533.
** Concluído em 1524.
*** A arquitetura interior e o domo, executados segundo a maquete e sob a direção de Michelangelo, serão terminados em 1524, mas a bula que institui os serviços comemorativos só será emitida por Clemente VII (ex-cardeal Júlio de Medici) em novembro de 1532.

O projeto será executado em diversas etapas, após um intervalo de 22 meses*:

Em 1º de dezembro, Leão X morre de uma complicação de gripe na volta de uma partida de caça. O novo papa, Adriano VI, é eleito por ter sido o preceptor de Carlos V, que representa uma ameaça cada vez mais pesada para o Vaticano.

Adriano VI põe na cabeça que tem de consertar os erros de Leão X: devolve ao duque Della Rovere seu feudo de Urbino, dá razão à sua família, que exige que Michelangelo seja julgado. Com 47 anos, Michelangelo será desapossado de seus bens, desacreditado publicamente, tratado como um "ladrão", de tal maneira que ninguém mais vai querer lhe fazer encomendas: ele tem o sentimento de ser "um homem liquidado".

Por uma feliz virada da fortuna, Adriano VI morre em outubro de 1523, 22 meses após sua eleição.

Depois de dois meses de barganhas e tratativas, o cardeal Júlio de Medici foi eleito papa, com a idade de 42 anos, sob o nome de Clemente VII. Elegante, quase etéreo, ele passa sob o arco de triunfo florentino ao som das trombetas, eleva delicadamente a mão enluvada para benzer a multidão sobre a qual chovem as peças de ouro. Desce com desenvoltura de seu cavalo, dominando, com a tripla tiara, nobres e cardeais, e se dirige com um passo majestoso para o Latrão...

Michelangelo faz parte do séqüito do papa, como há dez anos. Clemente VII parece a antítese de seu primo Leão X: ponderado, decidido, obstinado, inteligente... e sinceramente ligado a seu "quase-irmão". Logo nos primeiros dias de janeiro, ele convoca o escultor a seus aposentos privados do Vaticano:

– Michelangelo, é com uma emoção igual à sua que olho as *Stanze* de Rafael. Ele voou para o céu, ele não era dos nossos... Os vinhos, as mulheres, eram aparências... No

---

* No entretempo, a idéia de um sarcófago para o Magnífico e seu irmão Giuliano foi abandonada.

fundo, ele se parecia com você, com Leonardo. Por isso é que vocês não se gostavam.

Michelangelo está perplexo: o papa mandou chamá-lo com o único objetivo de cobrir Rafael de elogios?

– Michelangelo – prossegue delicadamente Clemente –, não é apenas por termos sido educados juntos, mas é por seu gênio ser incomparável. Eu acho injusto que ele tenha sido tão mal recompensado. Por essa razão, decidi conceder a você uma pensão de cinqüenta ducados por mês até o fim dos seus dias.

Michelangelo se atira nos joelhos dele, sem fôlego, como diante de Júlio II. Deve chamar seu novo patrão de "Santo Padre" ou simplesmente de Júlio?

Clemente lhe estende gentilmente o anel para beijar, ajudando-o a se levantar com uma mão firme...

– Nós convencemos os Della Rovere a retirar a queixa. Você só tem que fazer a maquete de um monumento mural. Parece-nos que o resto já está bem avançado...

– Sua Santidade – articula penosamente Michelangelo –, Sua Santidade vai compreender que eu não acho mais as palavras: há vinte anos eu vivo esta maldição do túmulo!

– Acalme-se, meu filho. Eu ainda tenho uma boa notícia: achei para você um amplo ateliê diante da Igreja de San Lorenzo. Lá você terá mais conforto para trabalhar na sacristia!

– Vossa Santidade, eu sou o mais feliz dos homens.

Clemente o benzeu, soou para o camareiro para que ele o conduzisse pelos longos corredores onde Borgia, antigamente, mandava estrangular seus convidados...

As encomendas afluem. Clemente VII o honra até mesmo com uma encomenda pessoal: a de uma nova biblioteca acima da antiga sacristia de San Lorenzo. Lá serão abrigados os manuscritos antigos, os livros raros... em suma, uma boa parte da fortuna dos Medici.

*

A Capela Medici, com seus três andares sustentando a cúpula, elevará agradavelmente em direção ao céu suas grossas pilastras e suas delicadas colunas sustentando lunetas e pendentes, como uma árvore de múltiplas raízes aparentes, cuja cúpula parece o fruto. É uma escultura? É arquitetura? Há muito tempo, Michelangelo não separa mais os termos. Da *pietra serena*, como o mármore, nasce um corpo que se ergue para o céu. Um corpo com uma unidade orgânica, uma simetria...

"As partes de um conjunto arquitetônico – ele escreve em uma carta não-datada – obedecem às leis do corpo humano. Aquele que não mostra aptidão no nu não consegue compreender os princípios da arquitetura."

No mesmo estado de espírito, Michelangelo constrói a Biblioteca lourenciana, com sua escada ondulando como as ondas, seu vestíbulo parecendo inchar* pela inflexão das colunas e sua sala de leitura como uma plataforma aberta para a eternidade do assoalho de madeira, cuja decoração espelha estranhamente as paredes e as doutas estantes...

Michelangelo deixará inacabada a Capela Medici, onde deveria figurar, além dos dois fluviais, o túmulo do Magnífico. Da mesma maneira, ele "se esquecerá" de mandar construir a escada da Biblioteca lourenciana em 1534, ocasião em que deixa Florença por Roma, com o coração em fúria, depois do esmagamento da república.

A história da escada é um pouco banal. Pouco antes de sua morte, a Vasari, que o questiona, Michelangelo responde:

– Sim, eu me lembro de uma escada, como em um sonho, mas não creio que seja a que eu então pensei, pois era uma coisa sem importância.

Premido de perguntas por seu biógrafo, ele apanha um papel e uma pena e desenha a escada. Depois executa num instante uma maquete de cera e remete para Florença!

---

* Figura única no Renascimento clássico, Michelangelo exercerá, através da geometria em movimento de suas esculturas e construções arquitetônicas, uma influência inegável sobre a arte barroca e o "*modern style*" do começo do século XX, tão apreciado por Salvador Dalí. O pai da famosa "paranóia-crítica" será um dos primeiros a destacar essa filiação, proclamando-se "Divino" em homenagem a Michelangelo.

Inferno e ressurreição

Até sua última hora, Michelangelo nunca esquecerá o inferno para o qual o inconseqüente papa Clemente VII arrastou a Itália. Em março de 1526, Francisco I (feito prisioneiro em Pávia) foi libertado sob condições por Carlos V; seu aliado Clemente VII imediatamente o dispensa de um juramento "feito sob ameaça". Semanas mais tarde, o papa constitui em Cognac, com Veneza, Florença, os Sforza e alguns outros, uma liga com vistas a afastar o imperador de Milão e de Nápoles.

Exasperado, Carlos V decide castigar o insolente pontífice, com a benção da poderosa família romana dos Colonna. Convoca o *condottiere* Georg von Frundsberg, apelidado de "o Porquinho", que dispõe de dez mil homens.

Concede-lhe um pequeno "adiantamento", prometendo-lhe, quanto ao resto, as riquezas de Roma à vontade. Em Plaisance, junta-se a Frundsberg e logo reúne doze mil espanhóis e italianos.

Só em 1555, nove anos antes de morrer, Michelangelo será capaz de evocar aqueles funestos acontecimentos diante de Giorgio Vasari, seu biógrafo:

– O que você vai escutar, Giorgio, chegou até mim por intermédio de meu amigo Balducci, que retomou em Roma o banco de Jacopo Galli. Escute bem e você compreenderá por que, desde que completei cinqüenta anos, não tenho *nenhum pensamento no qual a morte não esteja gravada a cinzel*.

Michelangelo está pálido. Seu rosto apergaminhado adquiriu com o tempo a beleza esculpida pela determinação e pela inteligência indomáveis. Ele recupera o fôlego:

– Em 1527, você era quase uma criança, Giorgio, saboreando as delícias do outono florentino, só que por pouco tempo, pois Florença passaria pelo mesmo calvário... Imagine uma tropa de cinco mil soldados mercenários irrompendo no Vaticano como uma nuvem de gafanhotos...

Michelangelo dirige um olhar longínquo ao seu interlocutor, que parou de escrever, aterrorizado:

– Uma luz crepuscular cobre a cidade. Os palácios mergulham dentro da noite. O condestável de Bourbon caiu sob a primeira rajada. Uma bala vai direto aos intestinos, ele expele os excrementos. Vivo, talvez ele tivesse contido suas tropas...

Michelangelo reflete, hesitante. De repente, deixa escapar com uma voz desdenhosa:

– Em São Pedro, o papa chora e sapateia. São necessários treze cardeais para empurrá-lo, carregá-lo, escondido sob um casaco, pelo longo corredor que leva ao castelo Santo Ângelo, cercado de canhões.

O narrador prossegue, pensativo:

– A fortaleza regurgita de gente: milhares de refugiados. Todos comandam, ou seja, ninguém. O cardeal Orsini, talvez... Mas o pior talvez nem venha dos assaltantes... No próprio interior do castelo reinam também o furor e a orgia...

Michelangelo passa a mão pelos olhos, suas palavras são entrecortadas de longos silêncios, quase incompreensíveis:

– Os soldados cortam em duas as crianças, violentam as mulheres, a começar pelas freiras, sodomizadas com crucifixos... Pregam, cantando, os doentes do Santo Spirito em seus leitos...

Vasari escuta, com seu rosto delgado irreconhecível, como se tivesse recebido socos. Sua pena acaba de cair, despejando sobre seu precioso tapete uma quantidade de tinta... ele nem se lembra de recolhê-la. Michelangelo, tão pequeno, tão enrugado, se parece com Moisés estigmatizando os adoradores do veado de ouro. Ele lança:

– Os soldados torturam, furam os olhos, arrancam as unhas, cortam ricos e pobres em pedaços a machadadas, depois os atiram dentro do Tibre. O Campo dei Fiore se torna o mercado onde se traficam os objetos roubados, dos ostensórios às jóias arrancadas dos cofres arrombados...

Michelangelo se interrompe, esfregando mecanicamente seus velhos calções como se quisesse reencontrar uma aparência de realidade:

– As igrejas são estábulos, as capelas, latrinas. Nos quadros, furam-se os olhos de Cristo ou de Nossa Senhora, asnos disfarçados de bispos são empurrados para a praça... Os piores, me contou Balducci, eram os homens de Souabe: esfarrapados, escorrendo sangue e vinho ordinário, eles urravam: "*Viva Luther Papa!*" ("Viva o papa Lutero!").

Michelangelo fixa um ponto no horizonte, bem além de Vasari, como se estivesse enxergando o que ultrapassa a imaginação, excede o entendimento:

– Como Deus pôde permitir aquele massacre, agravado ainda por uma epidemia de peste? Quase um ano! Até que o papa, na primavera, se humilhasse diante do imperador assinando a paz em condições exorbitantes: quarenta mil ducados (ele não tem mais nada), Plaisance, Osti, Civitavecchia e até o castelo Santo Ângelo vão parar na bolsa do vencedor... Libertado em dezembro, o papa foge para Orvieto como um ladrão...

Michelangelo fulmina o belo Clemente VII que emerge de seu sonho coberto de ouro e pedrarias, como um menino disfarçado. Como se um papa tivesse por missão brincar de rei numa partida pré-combinada de xadrez!

Calmamente, o escultor se levanta, deixando o doce Vasari à beira da náusea, com os olhos fixos na mancha de tinta sobre o tapete: inadmissível, indelével...

*

Voltemos a 1527. O saque de Roma e o descrédito lançado sobre o papa Medici encorajam os florentinos a se revoltar contra o despotismo cruel de seu governador Alexandre, o Mouro, filho natural de Clemente VII e de uma escrava mulata*.

---

* Ao alcançar o pontificado, Clemente VII nomeou Alexandre, com a idade de apenas treze anos, governador de Florença. Seu primo Hipólito, bastardo de Giuliano de Nemours, encarregado de assisti-lo na função, teve apenas um papel de figurante.

Com pressa de se engajar, Michelangelo fecha a capela lourenciana. Incapaz de se concentrar na *Vitória* para o túmulo de Júlio II (uma espécie de *David* pisoteando a cabeça de um velho, que lembra a seus olhos a jovem república), engaja-se do lado dos republicanos. Nicollò Capponi acaba de ser eleito gonfaloneiro. Uma milícia armada é criada para defender a cidade contra as invasões...

Em Florença, é a euforia: o comércio está próspero, a Signora é assistida por um Conselho que representa a nobreza...

Nos primeiros dias de 1528, Michelangelo recebe um "breve" do papa, impondo-lhe prosseguir a escultura da Sacristia contra quinhentos ducados. Bastante aborrecido, Michelangelo solicita uma audiência com o gonfaloneiro Capponi:

– Não estou interessado nos ducados de Clemente, mas gostaria tanto de continuar a esculpir dentro da capela!

– Nem pense nisso, Michelangelo: o Conselho consideraria você um traidor!

Teme-se que a cólera de Clemente se abata sobre a cidade hostil. Uma epidemia de peste vem completar, para os florentinos, a perda da bela confiança no futuro...

Michelangelo não deixa mais a casa de Settignano, onde seu irmão Buonarroto está isolado, com a língua amarelada, entregue ao delírio. Ele já não reconhece o irmão mais velho, que, pondo em risco a própria vida, velará por ele até o último segundo e lhe fechará os olhos, em lágrimas.

Michelangelo relata em uma carta o insuportável: como se viu obrigado a cavar sozinho a sepultura por não haver mais coveiros. Como queimou as roupas de Buonarroto e mergulhou ele mesmo dentro de uma tina de água quase fervente. Como, desorientado, redigiu um testamento em favor de seus sobrinhos Lionardo e Buonarrotino.

O escultor sai são e salvo da provação, e a epidemia parece debelada. Mas Clemente VII, pisoteando toda a decência, aliou-se a Carlos V, à Espanha, aos Colonna, ao duque de Urbino. O exército marcha sobre Florença para esmagar a república e restabelecer o poder dos Medici.

Convocado ao palácio da Signoria pelo gonfaloneiro Capponi, homem de resto simpático, com seu rosto quadrado de camponês e seu olhar sem desvio, lhe é proposta uma missão muito particular:

– Buonarroti, um escultor é também um engenheiro. Nós temos pensado em você para as fortificações.

Engenheiro militar, como Leonardo da Vinci!

Desgostoso com os Medici e fervoroso republicano, Michelangelo aceita. Sob sua direção, pedreiros e camponeses vão consolidar o muro instável e elevá-lo em vários metros.

Por unanimidade, é eleito para os *Nove della Milizia* ("os nove da milícia") como governador geral das fortificações.

Manda então cavar fossos profundos. Sua idéia de gênio: fortificar o campanário da Igreja San Miniato, do alto da qual os sitiados dominarão o campo de batalha.

O general Malatesta, de Perugia, já está lá para dirigir o exército. Instantaneamente, sua soberba desagrada a Michelangelo, tanto mais que seu amigo Mario Orsini o descreve como um homem que cometeu traição em cima de traição (ele libertou Perugia, entregando Arezzo ao papa...). Uma noite, Michelangelo cai em uma espécie de prostração. Manda costurar doze mil florins de ouro em cima de suas três camisas em forma de saia longa, sela seu cavalo e foge a toda brida para Bolonha, fazendo meia-volta repentinamente para voltar a Florença...

Excluído do Conselho por três anos, Michelangelo demonstra uma coragem admirável durante o cerco. Obtém a direção de uma equipe de camponeses que consolidará a torre de San Miniato; os artesãos que trabalham a lã vêm lhe trazer, com a ajuda dos charreteiros, os fardos que protegerão a torre, suspensos por cordas.

Os oficiais inimigos compreendem tarde demais: suas balas caem, atenuadas, dentro do fosso... Eles se desinteressam do campanário... Michelangelo é reabilitado logo antes do "cerco da fome": a chegada de víveres por mar é cortada. Em Florença não se morre de fome, de sede nem em combate, mas de peste, que redobra de virulência ao longo daquele verão tórrido. Contam-se não menos do que cinco mil mortos!

Apesar do heroísmo do general Francesco Ferrucci, acantonado em Pisa, apesar da ação desesperada dos dezesseis mil sobreviventes que juraram resistir dos dois lados das muralhas ao preço da própria vida, Florença, bem próxima de uma vitória duramente conseguida, é obrigada a capitular: mais uma vez, no dia 2 de agosto de 1530, Malatesta foi traído.

Florença reconhece uma dívida de oitenta mil ducados com o papa. Os pertencentes à milícia foram executados sem julgamento. Os membros do governo foram enforcados no Bargello. Capponi foi decapitado publicamente. Quanto aos prisioneiros de Santo Ângelo, foram deixados morrer de fome.

Baccio d'Agnolo, arquiteto oficial de Florença e detentor das chaves do Domo, propõe então a Michelangelo um esconderijo dentro da torre. Ele ficará encerrado lá até meados de novembro, sobressaltando-se ao menor barulho. Toda Florença conhece seu esconderijo, mas o ódio ao invasor é tal que ninguém o denuncia. Arriscam a própria vida para levar ao recluso os meios de subsistência...

Uma manhã, alguém lhe grita para descer. É um emissário de Clemente VII com um breve, ordenando-lhe retomar o trabalho da sacristia:

"Michelangelo está enganado; eu nunca o maltratei", teria declarado Clemente VII dando de ombros... O antigo governo de Florença, restabelecido em suas funções*, é instado a tratar o escultor com grande deferência, com a condição de que ele retome a construção da sacristia. Clemente lhe devolve até a pensão.

---

* Em 1532, a nova Constituição declara até que Alexandre é "duque hereditário de Florença".

Desgraçado Michelangelo, preso por uma singular tenaz: ser enforcado no Bargello ou trabalhar para a glória dos que ele combateu! O comportamento do escultor, de todo modo, dá o que pensar. Para Baccio Valori, novo governador de Florença, que mandou executar seu amigo Battista della Palla, ele aceita esculpir um *Apolo atirando uma flecha de sua aljava*. Passado um tempo, ele chegará até a renegar os florentinos banidos (em 1544).

*

Em 1534, Michelangelo, que se aproxima dos sessenta anos, só consegue sentir aversão por si mesmo e pelo mundo inteiro: a um admirador que elogia *A noite*, afirmando que ela parece estar prestes a despertar se lhe dirigirmos a palavra, ele responde:

> *Doce para mim o sonho, e mais ainda ser de pedra*
> *Enquanto suporto erro e vergonha:*
> *Não ver, não ouvir são minha sorte.*
> *Então não me desperte: em vez disso, fale baixinho.*[17]

O duque Alexandre de Medici, "gonfaloneiro perpétuo" de Florença, sente por ele um ódio mais atiçado ainda pela recusa de Michelangelo em erguer uma fortaleza para dominar a cidade. Na ocasião da morte de Clemente VII, que segue de perto a de seu pai Lodovico no dia em que completou noventa anos, teve a sorte de estar fora de Florença. Caso contrário, ele detalha em uma carta: "Alexandre e seus homens teriam saltado sobre mim como serpentes".

Deixando o trabalho inacabado, o escultor pede para seu amigo e empregado Urbino* encher alforjes de sela: material de desenho, quase que exclusivamente. Quanto a roupas, ele nem se preocupa!

---

* Sobre Urbino, Michelangelo admite em suas *Cartas* que, talvez mais do que ele mesmo (que não passa de um covarde), seu corpo desgracioso "seja o envoltório de uma bela alma".

Michelangelo esporeia o cavalo: amanhã estará em Roma. Passa pela Porta Romana, foge da cidade que considera no momento não só o símbolo de seu nascimento, como também o de sua morte. Sem se voltar para o seu *David* avariado*, sem passar pelo caminho do cemitério onde repousam seu irmão e seu pai, ele compõe mentalmente um de seus mais belos sonetos, dedicado a Lodovico:

> *Você está morto na morte*
> *(...)*
> *Através de sua morte, aprendo a morrer,*
> *Querido pai (...)*[18]

O escultor descobre uma cidade exultante. A alegria dos romanos se manifesta no próprio momento em que se desenrolam os funerais. Finalmente, o Vaticano foi libertado do responsável pelo saque de Roma!

Só o exterior do palácio Medici foi revestido com o tradicional pano preto. No interior, festeja-se. Alexandre, o Mouro, universalmente odiado, pode contar suas horas: morto Clemente, deverá ceder o lugar para o cardeal Hipólito, que tem na época 23 anos e é filho natural de Giuliano de Nemours.

Em 11 de outubro de 1534, Alexandre Farnese é eleito para o Santo Trono, sob o nome de Paulo III. Farnese foi um dos hóspedes preferidos do Magnífico no palácio Medici, mas bem antes de Michelangelo. Irmão da encantadora Giulia, amante de Alexandre VI Borgia, foi feito cardeal, razão pela qual foi apelidado de "cardeal *cotillon*". Mas Alexandre, virando as costas para a vida dissoluta, decidiu consagrar-se a Deus.

– Quatro filhos ilegítimos! – escarnece Michelangelo...
– Como acreditar nessa redenção?

Foi então que um mensageiro bateu na sua porta: o papa deseja vê-lo imediatamente, ele tem uma informação da mais alta importância para lhe comunicar.

---

* O jovem Vasari reuniu os pedaços do braço quebrado de qualquer jeito durante a revolta popular. E o restaurará perfeitamente em seguida.

Eis Michelangelo, como tantas outras vezes, ao pé do trono pontifical. Ele disse e repetiu: tem "o compasso no olho". Mesmo na ausência do modelo improvisado, poderia desenhar o rosto estreito, o nariz mergulhando acima do bigode branco, a quase ausência de lábios...

– Meu filho, Nós gostaríamos que você entrasse para o nosso serviço.

– É uma grande honra para mim, Santíssimo Pai.

– Nosso primeiro desejo é que você execute o *Juízo final* na parede do altar da Capela Sistina. Sua obra parece inacabada.

– Eu não posso aceitar uma encomenda dessas, Santo Padre, pois faz trinta anos que me comprometi a executar o túmulo de Júlio II para os herdeiros dele!

– Faz trinta anos que Nós gostaríamos de ter você no nosso serviço. Nós providenciaremos para que o duque de Urbano se contente com o que você já esculpiu!

Michelangelo ajoelhou-se, beijou o anel do pequeno papa que tremia de raiva sob a capa vermelho-escura...

*

Naquele momento, ele torna a subir a Via Alessandrina até a Basílica de São Pedro. Com a morte de Giuliano da Sangallo, seu sobrinho Antonio (o ex-aluno dos *Banhistas*) tornou-se o arquiteto titular:

– Incrível – constata Michelangelo –, os trabalhos praticamente não avançaram nos últimos vinte anos...

Como um autômato, ele se dirige ao castelo dos Cavalieri ("conservadores"), família da velha nobreza romana que há séculos se dedica à preservação do capital arquitetônico e artístico da cidade. Como num sonho, ele faz ressoar o pesado martelo sobre a porta...

O serviçal o introduz em um salão de paredes intermináveis onde estão alinhados os mais belos mármores antigos que lhe foi dado ver, salvo os do Magnífico. Logo depois um homem entra, mais bonito ainda no esplendor de seus 24 anos, menos real ainda do que quando Michelangelo o entreviu em uma recepção, dois anos antes. Ele lhe dedicou cartas loucas, poemas admiráveis:

> Se um casto amor, se uma piedade superior,
> se um destino igual cabe a dois amantes,
> se a sorte cruel que cabe a um cabe também ao outro,
> se um só espírito, se uma única vontade governa dois corações,
> se uma alma em dois corpos se tornou eterna...[19]

A "encarnação do *David*" respondeu aos versos com frieza e cortesia: apaixonado por pintura, ele deseja tornar-se o aprendiz do Mestre, nada mais.

Nesse dia, eles deixarão o palácio juntos. Eles se tornarão inseparáveis, desenhando na praça Navona ou no Fórum, conversando como velhos amigos.

Eles são amantes? Michelangelo, como a sibila, semeia os enigmas:

> O que desejo, o que aprendo
> no seu belo rosto,
> não pode ser compreendido por homens comuns.
> Quem quiser compreender deve primeiro morrer.[20]

Tommaso dei Cavalieri vai assistir Michelangelo ao longo de toda a sua paciente elaboração do projeto do *Juízo final*, cuja execução demandará seis anos (dois a mais do que a abóbada, incluindo o parêntese bolonhês).

*

O pintor-escultor-arquiteto tomou-se de afeição por Paulo III. Aprecia sua cultura, seu humor, sua integridade. Mas ele pode confiar ao soberano pontífice suas dúvidas sobre a crença cristã segundo a qual o Juízo final coincide com o fim do mundo?

Para Michelangelo, menos de dez anos antes do saque

de Roma e no dia seguinte ao suplício do gonfaloneiro Capocci, o Juízo final não pára de se produzir. Dante imaginou um inferno mais sombrio, mais irremediável do que esse movimento circular no qual um Cristo inflexível, ao mesmo tempo "Homem além do homem" (*ignudo*) e Júpiter temível, atirará o conjunto das criaturas?

– Não, não um conjunto – reflete Michelangelo. – Não um magma. Cada um será diferente do outro. Cada um terá seu *putto* ("pequeno gênio" invisível, como repetia Pico Della Mirandola). O que eu devo representar é o homem simultaneamente extraviado e prisioneiro de seu próprio espaço...

Maria? Ela estará encolhida, atrás do Filho vingador imenso, em pleno centro. Apenas os estigmas demonstrarão sua crucificação, mas eles são quase invisíveis. Os fiéis devem compreender que o momento da intercessão de Nossa Senhora passou...

Com uma espécie de cumplicidade, Cristo olhará Bartolomeu esfolado, bem em evidência, segurando com uma mão a faca de seu próprio suplício e com a outra um despojo que se parecerá, traço por traço, com Michelangelo, com o ar furioso, revanchista. "Cada cinzelada no mármore de beleza faz ressaltar a indignidade de minha própria casca!" – ele parecerá vociferar.

Os santos reunidos em torno de Cristo não serão bonitos, apenas agradavelmente proporcionados. Suas posturas serão reivindicativas, hostis.

À direita do Juiz eterno, os eleitos; à esquerda, os danados.

O fundo? Cinza-azulado, sem profundidade. A forma? Escura, esmaecida. A perspectiva? Ausente.

O fervilhamento dos personagens avançará em direção ao espectador como uma tropa em marcha, indiferente aos anjos inflexíveis que carregam os instrumentos da Paixão e aos demônios de rosto humano, sobre as alturas ou nas lunetas.

Acima de Cristo (lembrando com seu gesto o *Cristo de Orvieto* de Fra Angelico), as pernas de Jonas, "primeiro degrau" da fonte luminosa da abóbada. Uma abóbada que se tornará, por um surpreendente efeito de contraste, uma gigantesca cunha, plena de luz ou de água. Uma cunha mais poderosa do que a que vai fazer saltar, segundo a palavra de Cristo, nas *Epístolas aos hebreus*, a parede do Templo.

Os danados, os eleitos poderão perfeitamente prosseguir sua ronda, perseguidos pelo desafortunado Biaggio da Cesena, mestre-de-cerimônia do papa*, representado em Minos, príncipe dos Infernos... O que será exibido aqui não é fim do mundo, mas sua ressurreição: os limites da "ilusão" platônica pulverizados; a pura verdade do Espírito (ou da "Idéia", caso se prefira) revelada por um novo Adão que olhará Bartolomeu como um espelho e que terá um olho sobre o Salvador e o outro sobre a triste "pele de Michelangelo", cujo olhar tempestuoso cobrirá o espectador por sua vez...

"Deus criou o homem à sua imagem, Ele o criou à imagem de Deus...", diz tão bem a Gênese...

No final de 1540, o afresco do *Juízo final* está praticamente terminado, quando Michelangelo cai de seu andaime. Michelangelo, que detesta os médicos, recusa que Urbino deixe entrar aquele que se chama Tommaso. Michelangelo pretende que os dois homens sejam obrigados a arrombar a porta... Dá para crer?

O que é certo, em compensação, é a reação do papa ao ver pela primeira vez o *Juízo final*: ele cai de joelhos, declinando os próprios pecados. Chora aos pés do Cristo vingador, derrama um fluxo de lágrimas até reconhecer Biaggio nos Infernos, quando, então, cai na gargalhada.

O que também está fora de dúvida é a carta do oportunista (e licencioso!) "poeta" Aretino, datada de 1545, na qual ele deplora a representação "das partes genitais e dos órgãos dos personagens em êxtase com tamanho relevo que, mesmo em um bordel, obrigariam as pessoas a fechar os olhos". É o começo da Contra-Reforma, o Aretino alisa as costas dos "culoteiros" que imporão calções aos nus do pintor...

---

* Ele qualificou o *Juízo* de "obsceno".

*

Com a idade, a vida de Michelangelo mudou completamente. A partir de 1535, ele se tornou o pólo de atração de um grupo de jovens republicanos florentinos que se reúnem em seu ateliê do Macello dei Corvi, onde fomentam um complô contra Alexandre de Medici, dono todo-poderoso* de Florença desde que mandou envenenar com total impunidade seu efêmero rival Hipólito. A conspiração fracassará. Em 1537, Alexandre é assassinado sem prova de culpa por um primo do ramo mais novo (descendente de Lorenzo, o Antigo, irmão de Cosimo, o Antigo), Lorenzo, a quem se atribui o apelido de "Lorenzino". Este, que tem apenas 23 anos, foge para Veneza**. Seu jovem tio Cosimo torna-se duque de Florença. Será chamado de Cosimo, o Grande, devido ao terror que inspira. Ao final de uma repressão implacável, ele se atribuirá o título de "grande duque da Toscana" em 1569 e morrerá na própria cama em 1576.

A república de Florença não é mais do que um sonho... ao qual Michelangelo ainda assim deve seu encontro com Vittoria Colonna em 1536. Ela tem 44 anos, e ele mais de 60. Pertencente à velha aristocracia italiana***, Vittoria foi casada aos 17 anos com o marquês de Pescara, vencedor de Pávia. Ela o amou, embora ele não a amasse. Ao morrer o marido, em 1525, ela se refugiou na filosofia, na religião e na poesia.

Vittoria Colonna é célebre em toda a Itália por seus poemas que cantam o amor transfigurado e "a imortal beleza que não passa, como a outra...".

Ela mantém uma correspondência com Ariosto (que a celebrou em *Orlando*), freqüenta os grandes reformadores,

---

* Tanto mais que ele tem, doravante, o apoio de Carlos V, com cuja filha ilegítima, Marguerite, se casou.

** Trata-se de Lorenzaccio d'Alfred de Musset. Ele será apunhalado em Veneza em 1548 por jovens florentinos.

*** Ela é princesa Colonna pelo pai e princesa de Urbino pela mãe.

como Bernardino Ochino*, inspirador de Giovanni de Valdès (amigo íntimo de Carlos V), e o cardeal Contarini, que será queimado em Roma pela Inquisição em 1567.

Vittoria não é bela: tem um rosto quase viril, a testa alta demais, o nariz grande demais, a boca contraída... Em 1541, ela deixará Roma por um convento, primeiro em Orvieto, depois em Viterbo, onde morrerá seis anos mais tarde. O pintor português Francisco de Hollanda conservou a lembrança de suas conversas com Michelangelo em seus quatro *Diálogos sobre a pintura*.

Michelangelo amou-a? Dedica-lhe desenhos – os da *Ressurreição* especialmente – e poemas, um pouco artificiais[21]:

> *Bem-aventurado espírito que, por um ardente amor,*
> *mantém vivo meu velho coração, prestes a morrer...*

> *Seus escritos (...) iluminam com mais vida*
> *do que ela teve em vida;*
> *e com sua morte, ela conquistou*
> *o céu que ainda não tinha.***

Apaixonada, cheia de uma culpa que a leva a toda espécie de penitência, mas obstinada e profundamente artista, Vittoria representa de certo modo, para Michelangelo, um duplo feminino. As trocas que fazem fortalecem sua segurança, sempre vacilante. É também Vittoria que reanimará seu fervor religioso dos últimos anos.

*

A morte de sua amiga, em 1547, deixa-o "como uma concha vazia". Ela coincide felizmente com a inauguração do túmulo de Júlio II na Igreja de San Pietro in Vincoli. O sarcófago é ornamentado com as duas últimas estátuas, dolorosas, de *Raquel* e *Léa*. Michelangelo aborreceu-se

---

* Que se converterá ao protestantismo.

** Poema escrito quando Vittoria morreu.

durante o trabalho porque este representava duas mulheres, ainda por cima vestidas?

É por essa época que ele pinta os afrescos da Capela Paulina (*A conversão de São Paulo*; *A crucificação da São Pedro*), deixados inacabados em 1550. Ele quase recusou a encomenda de Júlio III:

– Santíssimo Padre, estou velho demais, minha vesícula me faz sofrer*...

– Nós lhe daremos o tempo que for necessário, meu filho.

Esses afrescos são surpreendentes de claridade, como a abóbada da Sistina; os personagens estilizados, vistos de costas (mas vestidos), lembram curiosamente os *Banhistas*. O movimento circular faz pensar no *Juízo final*. A pluralidade dos pontos de fuga nega a perspectiva... Provocação? Premonição da obra de Cézanne ou de Picasso?

---

* Ele tem cálculos renais.

O "corpo" da arquitetura

Com a morte de Antonio da Sangallo, em 1546, Michelangelo é nomeado por Paulo III "arquiteto-chefe da Basílica de São Pedro".

Reclamando de sua idade avançada, Michelangelo começa imediatamente a trabalhar, decretando somente ao sumo pontífice espantado:

– Meu Pai, eu me recuso a ser pago. Trabalharei por razões espirituais.

A Bartolomeo Ferranti, monge de São Pedro, ele faz então uma verdadeira apologia daquele que cordialmente mais detestou: Bramante! "... um arquiteto dentre os mais nobres desde a Antigüidade (...). Quem se afasta da ordem de Bramante, como fez Sangallo, se afasta da verdade."

O restante da carta, relativa aos deambulatórios de Sangallo, faz sorrir:

"Tantos esconderijos escuros (...) que ofereceriam a oportunidade de infâmias incontáveis, como a ocultação de foras-da-lei, a fabricação de moeda falsa, a violação de religiosas...".

Disfarçadamente, por pedacinhos, manda demolir a construção de Sangallo para voltar ao plano inicial da *cruz grega* de Bramante, provocando a indignação da "seita de Sangallo". Júlio III, que protege Michelangelo contra tudo e contra todos, lhe dá, um mês antes de sua morte em 1549, plenos poderes. Ele pode fazer o que bem entender...

Michelangelo, enciumado de seu "monopólio", não deixará nenhum plano da basílica, nenhuma maquete, a não ser a da cúpula, cuja construção só será realizada quatro anos antes de sua morte em 1564.

O "Divino" avaliou prematuramente suas forças: "Meu espírito e minha memória me deixaram, aguardam-me em outro lugar", escreve no seu octogésimo aniversário. Nenhum projeto para a fachada. Ele verá a maior parte da construção do edifício, que marcará incontestavelmente com seu estilo todas as modificações posteriores. Mas os trabalhos de Della Porta, aconselhado pelo fiel Cavalieri, serão tachados de absurdos pela decisão de Paulo V (Camillo Borghèse) em 1607: voltar ao plano da *cruz latina**.

Hoje, a cúpula encontra-se um tanto diluída na longa fachada...

O velho Michelangelo teria cogitado que sua obra seria desfigurada dessa maneira? Com toda certeza:

"Se eu deixasse Roma, mais de um malfeitor se aproveitaria; arruinariam também toda a obra realizada, seria uma grande vergonha para mim e para minha alma um grande pecado".

Paulo V (o temível cardeal Caraffa da Inquisição) já mandou "culotear" os afrescos da Sistina! O pintor Daniele da Volterra prometeu, contudo, que os *calzoni* dos homens e as anáguas das mulheres seriam leves como nuvens...

Encerrado na sua casa do Macello dei Corvi, Michelangelo chora em silêncio. Com a mão tremendo, escreve:

> *Cego está o mundo e seu triste exemplo*
> *destrói e submerge todo virtuoso uso;*
> *apagada está a luz, em fuga toda segurança,*
> *o falso triunfa e o verdadeiro emudece.*[22]

Todos os seus amigos estão mortos: Granacci, Sebastiano del Piombo, Balducci, seu caro Urbino... Os irmãos se foram: Giovan Simone foi embora um pouco antes de Gismondo...

E Tommaso se casou, chegou mesmo a se tornar pai de família!

Pensativo, Michelangelo se levanta, vai procurar seus desenhos para o *Capitólio*, para o *Palácio dos Conservadores*, para o *Palácio Farnese*, para *San Giovanni*, a *Capela Sforza*. Seu pai morreu aos noventa anos, restam-lhe cinco para viver...

---

* A de Cristo.

Ele espalha os croquis sobre a bancada de trabalho: imagens, um monte de ilusões. Como não teve filhos, semeou sobre a terra criaturas de pedra à sua imagem, com duas partes simétricas, uma ossatura, uma pele... Apanha um novo punhado de desenhos, atira-os na lareira, e depois um outro, e mais um outro ainda... A verdade está selada por toda a eternidade como as janelas cegas da capela lourenciana... Michelangelo atira agora no fogo seus poemas às braçadas...

Montou no cavalo apesar do frio, da neve, e se dirige para a pequena Igreja de Santa Maria degli Angeli. Dentro do alforje, uma maça e um cinzel: vai reequilibrar sua escultura da *Virgem com o menino**, torná-la tão perfeita quanto a obra de Deus...

Michelangelo cai, desacordado. Levanta-se de madrugada. Puxa, empurra o cavalo para o Macello dei Corvi, desaba na cama, murmurando sem fôlego à criada que acorre, aflita:

– Chame Tommaso!

Pede que tragam papel, uma pena, e redige, absolutamente consciente, um testamento que contém três palavras: ele deixa sua alma para Deus, seu corpo para a terra e seus bens para o sobrinho Lionardo.

– Tommaso! Eu quero ser enterrado na Santa Croce com os meus...

Cavalieri fecha delicadamente os olhos de seu amigo. Como ele é belo, com o tecido de rugas que fala das dúvidas e dos sofrimentos de uma vida... Cinco horas batem naquele dia 18 de fevereiro de 1564.

*

O corpo de Michelangelo será levado para Florença, como ele desejou**. Antes, todos os pintores, escultores e arquitetos se reúnem diante de São Pedro, em volta do ataúde

---

* Essa *Pietá Rondanini* anuncia de maneira extraordinária a estilização de um Giacometti.

** Dentro da Igreja Santa Croce, seu túmulo, desenhado por Vasari, data de 1570.

colocado sobre uma liteira e coberto com um pano bordado a ouro. Sobre o pano, um simples crucifixo. À meia-noite, os artistas mais velhos seguram nas mãos as tochas, e os jovens seguram a liteira. A multidão é tamanha que bem-aventurados foram os que conseguiram, como Vasari, "glorificar-se de haver carregado os restos do maior homem de todos os tempos nas artes".

ANEXOS

Cronologia

1475 – Nascimento, no dia 6 de março, de Michelangelo Buonarroti em Caprese (Toscana). Seu pai, Lodovico Buonarroti, é prefeito de Chiusi e Caprese. Michelangelo será alimentado por uma ama-de-leite na casa de um talhador de pedra, chamado Topolino.

1481 – Morte de sua mãe, Francesca di Neri, esgotada por cinco gestações. Michelangelo tem quatro irmãos: Lionardo (o primogênito), Gismondo, Giovan Simone e Buonarroto.

1485 – Lodovico casa-se novamente com Lucrezia. Michelangelo volta para a casa do pai. Entra na escola. Encontra Francesco Granacci, aluno de Ghirlandaio.

1488 – Michelangelo integra, como aprendiz, o ateliê de Ghirlandaio e participa da confecção dos afrescos da Igreja Santa Maria Novella.

1489 – Chamado ao palácio Medici. Lorenzo de Medici vai educá-lo com seus sete filhos e seu sobrinho Júlio (futuro Clemente VII). Seu filho Pietro o sucederá. Torna-se aluno do escultor Bertoldo, nos "Jardins de San Marco", fundados por incentivo de Lorenzo. Participa da Academia Platônica com Marsilo Ficin, Cristofero Landino, Politiano e Pico Della Mirandola.

1491 – Savonarola torna-se prior de San Marco. Seu irmão Lionardo torna-se monge.

A Virgem na escada.

Morte de Bertoldo.

1492 – Morte de Lorenzo de Medici. Seu filho Pietro sucede-o. Michelangelo volta para a casa do pai e para o ateliê de Ghirlandaio.

1493 – *A batalha dos centauros.*

Dissecação no Hospital Santo Spirito.

1494 – Florença capitula diante de Carlos VIII. Fuga de Pietro de Medici. Michelangelo refugia-se em Bolonha.

1495 – Escultura para o relicário de São Domênico na igreja de mesmo nome em Bolonha. Volta para Florença, cuja coalizão italiana expulsou Carlos VIII. Instauração da república, oficiosamente dirigida por Savonarola.

1496 – Estadia em Roma. *Bacchus*.

1497 – Morte de Lucrezia Buonarroti. Lodovico emancipa Michelangelo. "Fogueira das vaidades", incentivada por Savonarola.

1498-1500 – Alexandre VI Borgia excomunga Savonarola. Preso, ele assina confissões sob tortura. Enforcado, é queimado por heresia. Soderini torna-se novamente governador real da Signoria, tendo como secretário Maquiavel.

1498-1499 – *La Pietà*.

1501-1504 – *David*.

1504 – Michelangelo (*A Batalha de Cascina*) e Leonardo da Vinci (*A Batalha de Anghiari*) recebem juntos a encomenda da decoração com afrescos da Sala do Conselho da Signoria.

1505 – Michelangelo é chamado a Roma, onde Júlio II encomenda-lhe seu túmulo. Estada em Carrara. Júlio II constitui sua guarda suíça, que vai ajudá-lo a reunificar os Estados pontificais (1505-1512). Expulsa Michelangelo por capricho.

1508-1512 – Volta às graças: afrescos da abóbada da Capela Sistina.

1512 – Morte de Júlio II. Eleição de Leão X (Giovanni de Medici).

1513-1516 – *Moisés*.

1521 – Morte de Leão X. Eleição de Clemente VII em 1423. Seu filho Alexandre e seu sobrinho Hipólito tornam-se governadores de Florença.

1524 – Biblioteca lourenciana (Florença).

1527 – Saque de Roma.

1528 – República de Florença.

1528-1530 – Cerco de Florença por Carlos V. Michelangelo torna-se o engenheiro militar da república.

Traição de Malatesta e capitulação. Alexandre é restabelecido em suas funções. Repressão sangrenta. Michelangelo esconde-se no campanário do Domo.

1532-1533 – Retorno às graças: Capela dos Medici (Florença).

1534 – Morte de Clemente VII.

1534-1541 – Afresco do *Juízo final* (parede da Sistina).

1535 – Amizade amorosa com seu aluno Tommaso dei Cavalieri.

Encontro com Vittoria Collona.

1537 – Assassinato de Alexandre de Medici por seu primo Lorenzino.

Cosimo I de Medici torna-se duque de Florença. Repressão da sublevação republicana.

1538 – Eleição de Paulo III.

1546-1550 – *A conversão de São Paulo* e *A crucificação de São Pedro* (afrescos do vaticano).

1555 – Planos para *San Giovanni* (Roma).

1550-1602 – Praça do Capitólio.

1560 – Plano da Capela Sforza.

1554-1564 – Planos de São Pedro e maquete da Cúpula.

1564 – Morte de Michelangelo no dia 18 de fevereiro.

Obras de Michelangelo

(Pintura, desenho, escultura, arquitetura mencionados no livro)

São Bartolomeu, detalhe do *Juízo final* (afresco, 13,7m x 12,2m), Capela Sistina, Vaticano.

A Virgem na escada (baixo-relevo em mármore, 55,5cm x 40cm), casa de Michelangelo, Florença.

A batalha dos centauros (baixo-relevo em mármore, 84,5cm x 90,5cm), casa de Michelangelo, Florença.

Crucifixo (madeira policroma, 1,34cm), casa de Michelangelo, Florença.

São Próculo (mármore, 58,5cm), relicário de São, Igreja San Domênico, Florença.

São Petrônio (mármore, 63,5cm), relicário de São Domênico, Igreja São Domênico, Florença.

Anjo com candelabro (mármore, 63,5cm), relicário de São Domênico, Igreja São Domênico, Florença.

Baco (mármore, 2m), Museu do Bargello, Florença.

Pietà (mármore, 1,74m x 1,95m), São Pedro de Roma.

David (mármore, 4,1m), Academia de Belas Artes, Florença.

A Queda de Phaeton (desenho a *fusain*, 41,3cm x 23,5cm), Biblioteca Real, Windsor.

Estudo para o David de bronze (desenho a pena, 26,5cm x 18,7cm), Museu do Louvre, Paris.

Madona de Bruges (mármore, 1,28m), Igreja Notre-Dame de Bruges.

Tondo Taddei (baixo-relevo em mármore, diâmetro: 1,25m), Academia Real de Belas Artes, Londres.

Tondo Pitti (baixo-relevo em mármore, diâmetro: 82cm), Museu do Bargello, Florença.

Tondo Doni (pintura *a tempera* sobre painel circular, 91cm x 80cm), Museu dos Ofícios, Florença.

Madona de Manchester (painel *a tempera*, 105cm x 76cm), National Gallery, Londres.

São Mateus (mármore inacabado), Academia de Belas Artes, Florença.

Desenho para a Batalha de Cascina (*fusain* sobre preparação a estilete), Albertina, Viena.

Figura para a Batalha de Cascina (pena e tinta sobre pedra preta, incisões a estilete, 25cm x 9,6cm), Museu do Louvre, Paris.

Estudo de uma figura para a *Batalha de Cascina* (pedra preta, 28,2cm x 20,3cm), Museu do Louvre, Paris.

Moisés (mármore, 2,35m), túmulo de Júlio II, Igreja de San Pietro in Vincoli, Roma.

Túmulo de Júlio II, parte da elevação (desenho, pena e tinta sobre traçado a régua, a estilete e a pedra preta, 24cm x 8,2cm), Museu do Louvre, Paris.

Estudo para um escravo (pedra preta sobre traços de sanguina, incisões a estilete, 36,8cm x 23,5cm), Museu do Louvre, Paris.

Abóbada da Capela Sistina (afresco), Vaticano.

Estudo para um Putto e para a mão direita da Sibila da Líbia com croqui para o túmulo de Júlio II (sanguina, pena, 28,5cm x 18,5cm), Ashmolean Museum, Oxford.

Estudo para a Sibila da Líbia (sanguina, 28,5cm x 20,5cm), Museum of Art, Nova York.

Esboço para um ignudo acima de Isaías (pedra preta e esfumada, incisão a estilete, 30,7cm x 20,7cm), Museu do Louvre, Paris.

Cabeça e mão direita do ignudo acima e à esquerda de Isaías (pedra preta e toques de luz com branco, 30,7cm x 20,7cm), Museu do Louvre, Paris.

Escravo revoltado (mármore, 2,15m), Museu do Louvre, Paris.

Escravo moribundo (mármore, 2,15m), Museu do Louvre, Paris.

Croqui para a fachada de San Lorenzo (sanguina e *fusain*, 14cm x 18cm), casa de Michelangelo, Florença.

Maquete em madeira da fachada da Igreja San Lorenzo, casa de Michelangelo, Florença.

Cristo da Minerva (mármore, 2,5m), Santa Maria Sopra Minerva, Roma.

Capela Medici (mármore), Igreja San Lorenzo, Florença.

Túmulo de Giuliano de Medici (mármore), Igreja San Lorenzo, Florença.

Biblioteca Lourenciana, Igreja San Lorenzo, Florença.

Vitória (mármore, 2,61m), Palazzio Vecchio, Florença.

Desenho para as fortificações de Florença (pena, *lavis*, sanguina, 41cm x 57cm), casa de Michelangelo, Florença.

Apolo atirando uma flecha de sua aljava (mármore, 1,46m), Museu do Bargello, Florença.

O juízo final, Capela Sistina, Vaticano.

Cabeça divina (desenho a sanguina, 20,5cm x 16,5cm), Ashmolean Museum, Oxford.

Cabeça divina (desenho a *fusain*, 28,5cm x 23,5cm), British Museum, Londres.

Raquel (mármore, 1,97m), Túmulo de Júlio II, Igreja de San Pietro in Vincoli, Roma.

Léa (mármore, 2,09m), Túmulo de Júlio II, Igreja de San Pietro in Vincoli, Roma.

A conversão de São Paulo (afresco, 6,25m x 6,61m), Capela Paulina, Vaticano.

A crucificação de São Pedro (afresco, 6,25m x 6,61m), Capela Paulina, Vaticano.

Maquete em madeira da Cúpula de São Pedro de Roma, Museu São Pedro, Roma.

Plano para San Giovanni (primeiro projeto 1559), casa de Michelangelo, Florença.

Virgem com o menino dita *Pietà Rondanini* (mármore muito estilizado, inacabado), Castello Sforzesco, Milão.

Notas Bibliográficas

1. CONDIVI, Ascanio. *Vie de Michel-Ange*. Paris: Climats, 1999.
2. MICHEL-ANGE. *Sonnets*. Paris: Club français du livre, 1961.
3. MICHEL-ANGE. *Poésies/Rime*. Paris: Les Belles Lettres, 2004.
4. ALIGHIERI, Dante. *Divine Comédie*. In: *Œuvres complètes*, "La Pléiade". Paris: Gallimard, 1965.
5. VASARI, Giorgio. *Michel-Ange*, In: *Vie des peintres*. Paris: Les Belles Lettres, 2000.
6. MICHEL-ANGE. *Sonnets. op. cit.*
7. Carta ao pai. 8 de fevereiro de 1507, P. Barocchi & R. Ristori (dir.). In: *Carteggio di Michelangelo*. Sansoni-SPES: Florença, 1956-1983.
8. MICHEL-ANGE. *Poésies/Rime. op. cit.*
9. *Ibid.*
10. *Ibid.*
11. MICHEL-ANGE. *Sonnets. op. cit.*
12. MICHEL-ANGE. *Poésies/Rime. op. cit.*
13. MICHEL-ANGE. *Sonnets. op. cit.*
14. VINCI, Léonard de. *Traité de la peinture*. Paris: Gallimard, 1942.
15. Carta ao pai. Março de 1520, em *Carteggio di Michelangelo. op. cit.*
16. MICHEL-ANGE, *Poésies/Rime, op. cit.*
17. *Carteggio di Michelangelo. op. cit.*
18. MICHEL-ANGE. *Poésies/Rime. op. cit.*
19. MICHEL-ANGE. *Sonnets. op. cit.*
20. *Ibid.*
21. MICHEL-ANGE. *Poésies/Rime. op. cit.*
22. *Ibid.*

Sobre o autor

Depois de um mestrado em Filosofia e História da Arte e um prêmio nacional de piano, Nadine Sautel ensinou filosofia e, em seguida, criou um curso de interpretação de piano baseado na correspondência entre as artes. Co-autora de obras culturais (*Universalia*, edições Universalis; *Les Muses*, Alpha Encyclopédie), publicou um romance, *Fin du monde chez les Poupat* (Laffont, 1992), que ela mesma adaptou para o teatro. Crítica na *Magazine littéraire*, publicou em 2005, pela editora Albin Michel, *Pour l'amour des livres*, entrevistas realizadas com Jean-Jacques Brochier.

Coleção **L&PM** POCKET

1. Catálogo geral da Coleção
2. Poesias – Fernando Pessoa
3. O livro dos sonetos – org. Sergio Faraco
4. Hamlet – Shakespeare/ trad. Millôr
5. Isadora, frag. autobiográficos – Isadora Duncan
6. Histórias sicilianas – G. Lampedusa
7. O relato de Arthur Gordon Pym – Edgar A. Poe
8. A mulher mais linda da cidade – Bukowski
9. O fim de Montezuma – Hernan Cortez
10. A ninfomania – D. T. Bienville
11. As aventuras de Robinson Crusoé – D. Defoe
12. Histórias de amor – A. Bioy Casares
13. Armadilha mortal – Roberto Arlt
14. Contos de fantasmas – Daniel Defoe
15. Os pintores cubistas – G. Apollinaire
16. A morte de Ivan Ilitch – L.Tolstoi
17. A desobediência civil – D. H. Thoreau
18. Liberdade, liberdade – F. Rangel e M. Fernandes
19. Cem sonetos de amor – Pablo Neruda
20. Mulheres – Eduardo Galeano
21. Cartas a Théo – Van Gogh
22. Don Juan – Molière – Trad. Millôr Fernandes
24. Horla – Guy de Maupassant
25. O caso de Charles Dexter Ward – Lovecraft
26. Vathek – William Beckford
27. Hai-Kais – Millôr Fernandes
28. Adeus, minha adorada – Raymond Chandler
29. Cartas portuguesas – Mariana Alcoforado
30. A mensageira das violetas – Florbela Espanca
31. Espumas flutuantes – Castro Alves
32. Dom Casmurro – Machado de Assis
34. Alves & Cia. – Eça de Queiroz
35. Uma temporada no inferno – A. Rimbaud
36. A corresp. de Fradique Mendes – Eça de Queiroz
38. Antologia poética – Olavo Bilac
39. Rei Lear – W. Shakespeare
40. Memórias póstumas de Brás Cubas – M. de Assis
41. Que loucura! – Woody Allen
42. O duelo – Casanova
44. Gentidades – Darcy Ribeiro
45. Mem. de um Sarg. de Milícias – M. A. de Almeida
46. Os escravos – Castro Alves
47. O desejo pego pelo rabo – Pablo Picasso
48. Os inimigos – Máximo Gorki
49. O colar de veludo – Alexandre Dumas
50. Livro dos bichos – Vários
51. Quincas Borba – Machado de Assis
53. O exército de um homem só – Moacyr Scliar
54. Frankenstein – Mary Shelley
55. Dom Segundo Sombra – Ricardo Güiraldes
56. De vagões e vagabundos – Jack London
57. O homem bicentenário – Isaac Asimov
58. A viuvinha – José de Alencar
59. Livro das cortesãs – Org. de Sergio Faraco
60. Últimos poemas – Pablo Neruda
61. A moreninha – Joaquim Manuel de Macedo
62. Cinco minutos – José de Alencar
63. Saber envelhecer e a amizade – Cícero
64. Enquanto a noite não chega – J. Guimarães
65. Tufão – Joseph Conrad
66. Aurélia – Gérard de Nerval
67. I-Juca-Pirama – Gonçalves Dias
68. Fábulas de Esopo
69. Teresa Filósofa – Anônimo do Séc. XVIII
70. Avent. inéditas de Sherlock Holmes – A. C. Doyle
71. Quintana de bolso – Mario Quintana
72. Antes e depois – Paul Gauguin
73. A morte de Olivier Bécaille – Émile Zola
74. Iracema – José de Alencar
75. Iaiá Garcia – Machado de Assis
76. Utopia – Tomás Morus
77. Sonetos para amar o amor – Camões
78. Carmem – Prosper Mérimée
79. Senhora – José de Alencar
80. Hagar, o horrível 1 – Dik Browne
81. O coração das trevas – Joseph Conrad
82. Um estudo em vermelho – Conan Doyle
83. Todos os sonetos – Augusto dos Anjos
84. A propriedade é um roubo – P.-J. Proudhon
85. Drácula – Bram Stoker
86. O marido complacente – Sade
87. De profundis – Oscar Wilde
88. Sem plumas – Woody Allen
89. Os bruzundangas – Lima Barreto
90. O cão dos Baskervilles – Conan Doyle
91. Paraísos artificiais – Charles Baudelaire
92. Cândido, ou o otimismo – Voltaire
93. Triste fim de Policarpo Quaresma – Lima Barreto
94. Amor de perdição – Camilo Castelo Branco
95. Megera domada – Shakespeare/Millôr
96. O mulato – Aluísio Azevedo
97. O alienista – Machado de Assis
98. O livro dos sonhos – Jack Kerouac
99. Noite na taverna – Álvares de Azevedo
100. Aura – Carlos Fuentes
102. Contos gauchescos e Lendas do sul – Simões Lopes Neto
103. O cortiço – Aluísio Azevedo
104. Marília de Dirceu – T. A. Gonzaga
105. O Primo Basílio – Eça de Queiroz
106. O ateneu – Raul Pompéia
107. Um escândalo na Boêmia – Conan Doyle
108. Contos – Machado de Assis
109. 200 Sonetos – Luis Vaz de Camões
110. O príncipe – Maquiavel
111. A escrava Isaura – Bernardo Guimarães
112. O solteirão nobre – Conan Doyle
114. Shakespeare de A a Z – W. Shakespeare

1 l5. **A relíquia** – Eça de Queiroz
1 l7. **O livro do corpo** – Vários
1 l8. **Lira dos 20 anos** – Álvares de Azevedo
1 l9. **Esaú e Jacó** – Machado de Assis
1 20. **A barcarola** – Pablo Neruda
1 21. **Os conquistadores** – Júlio Verne
1 22. **Contos breves** – G. Apollinaire
1 23. **Taipi** – Herman Melville
124. **Livro dos desaforos** – Org. de S. Faraco
125. **A mão e a luva** – Machado de Assis
126. **Doutor Miragem** – Moacyr Scliar
127. **O penitente** – Isaac B. Singer
128. **Diários da descoberta da América** – C. Colombo
129. **Édipo Rei** – Sófocles
130. **Romeu e Julieta** – William Shakespeare
131. **Hollywood** – Charles Bukowski
132. **Billy the Kid** – Pat Garrett
133. **Cuca fundida** – Woody Allen
134. **O jogador** – Dostoiévski
135. **O livro da selva** – Rudyard Kipling
136. **O vale do terror** – Conan Doyle
137. **Dançar tango em Porto Alegre** – S. Faraco
138. **O gaúcho** – Carlos Reverbel
139. **A volta ao mundo em oitenta dias** – J. Verne
140. **O livro dos esnobes** – W. M. Thackeray
141. **Amor & morte em Poodle Springs** – Raymond Chandler & R. Parker
142. **As aventuras de David Balfour** – Stevenson
143. **Alice no país das maravilhas** – Lewis Carroll
144. **A ressurreição** – Machado de Assis
145. **Inimigos, uma história de amor** – I. Singer
146. **O Guarani** – José de Alencar
147. **Cidade e as serras** – Eça de Queiroz
148. **Eu e outras poesias** – Augusto dos Anjos
149. **A mulher de trinta anos** – Balzac
150. **Pomba enamorada** – Lygia F. Telles
151. **Contos fluminenses** – Machado de Assis
152. **Antes de Adão** – Jack London
153. **Intervalo amoroso** – A. Romano de Sant'Anna
154. **Memorial de Aires** – Machado de Assis
155. **Naufrágios e comentários** – Cabeza de Vaca
156. **Ubirajara** – José de Alencar
157. **Textos anarquistas** – Bakunin
158. **O pirotécnico Zacarias** – Murilo Rubião
159. **Amor de salvação** – Camilo Castelo Branco
160. **O gaúcho** – José de Alencar
161. **O Livro das maravilhas** – Marco Polo
162. **Inocência** – Visconde de Taunay
163. **Helena** – Machado de Assis
164. **Uma estação de amor** – Horácio Quiroga
165. **Poesia reunida** – Martha Medeiros
166. **Memórias de Sherlock Holmes** – Conan Doyle
167. **A vida de Mozart** – Stendhal
168. **O primeiro terço** – Neal Cassady
169. **O mandarim** – Eça de Queiroz
170. **Um espinho de marfim** – Marina Colasanti
171. **A ilustre Casa de Ramires** – Eça de Queiroz
172. **Lucíola** – José de Alencar

173. **Antígona** – Sófocles – trad. Donaldo Schüler
174. **Otelo** – William Shakespeare
175. **Antologia** – Gregório de Matos
176. **A liberdade de imprensa** – Karl Marx
177. **Casa de pensão** – Aluísio Azevedo
178. **São Manuel Bueno, Mártir** – Unamuno
179. **Primaveras** – Casimiro de Abreu
180. **O noviço** – Martins Pena
181. **O sertanejo** – José de Alencar
182. **Eurico, o presbítero** – Alexandre Herculano
183. **O signo dos quatro** – Conan Doyle
184. **Sete anos no Tibet** – Heinrich Harrer
185. **Vagamundo** – Eduardo Galeano
186. **De repente acidentes** – Carl Solomon
187. **As minas de Salomão** – Rider Haggar
188. **Uivo** – Allen Ginsberg
189. **A ciclista solitária** – Conan Doyle
190. **Os seis bustos de Napoleão** – Conan Doyle
191. **Cortejo do divino** – Nelida Piñon
192. **Cassino Royale** – Ian Fleming
193. **Viva e deixe morrer** – Ian Fleming
194. **Os crimes do amor** – Marques de Sade
195. **Besame Mucho** – Mário Prata
196. **Tuareg** – Alberto Vázquez-Figueroa
197. **O longo adeus** – Raymond Chandler
198. **Os diamantes são eternos** – Ian Fleming
199. **Notas de um velho safado** – C. Bukowski
200. **111 ais** – Dalton Trevisan
201. **O nariz** – Nicolai Gogol
202. **O capote** – Nicolai Gogol
203. **Macbeth** – William Shakespeare
204. **Heráclito** – Donaldo Schüler
205. **Você deve desistir, Osvaldo** – Cyro Martins
206. **Memórias de Garibaldi** – A. Dumas
207. **A arte da guerra** – Sun Tzu
208. **Fragmentos** – Caio Fernando Abreu
209. **Festa no castelo** – Moacyr Scliar
210. **O grande deflorador** – Dalton Trevisan
211. **Corto Maltese na Etiópia** – Hugo Pratt
212. **Homem do príncipio ao fim** – Millôr Fernandes
213. **Aline e seus dois namorados** – A. Iturrusgarai
214. **A juba do leão** – Sir Arthur Conan Doyle
215. **Assassino metido a esperto** – R. Chandler
216. **Confissões de um comedor de ópio** – T. De Quincey
217. **Os sofrimentos do jovem Werther** – Goethe
218. **Fedra** – Racine – Trad. Millôr Fernandes
219. **O vampiro de Sussex** – Conan Doyle
220. **Sonho de uma noite de verão** – Shakespeare
221. **Dias e noites de amor e de guerra** – Galeano
222. **O Profeta** – Khalil Gibran
223. **Flávia, cabeça, tronco e membros** – M. Fernandes
224. **Guia da ópera** – Jeanne Suhamy
225. **Macário** – Álvares de Azevedo
226. **Etiqueta na Prática** – Celia Ribeiro
227. **Manifesto do partido comunista** – Marx & Engels
228. **Poemas** – Millôr Fernandes
229. **Um inimigo do povo** – Henrik Ibsen
230. **O paraíso destruído** – Frei B. de las Casas

231. O gato no escuro – Josué Guimarães
232. O mágico de Oz – L. Frank Baum
233. Armas no Cyrano's – Raymond Chandler
234. Max e os felinos – Moacyr Scliar
235. Nos céus de Paris – Alcy Cheuiche
236. Os bandoleiros – Schiller
237. A primeira coisa que eu botei na boca – Deonísio da Silva
238. As aventuras de Simbad, o marújo
239. O retrato de Dorian Gray – Oscar Wilde
240. A carteira de meu tio – J. Manuel de Macedo
241. A luneta mágica – J. Manuel de Macedo
242. A metamorfose – Kafka
243. A flecha de ouro – Joseph Conrad
244. A ilha do tesouro – R. L. Stevenson
245. Marx - Vida & Obra – José A. Giannotti
246. Gênesis
247. Unidos para sempre – Ruth Rendell
248. A arte de amar – Ovídio
249. O sono eterno – Raymond Chandler
250. Novas receitas do Anonymus Gourmet – J.A.P.M.
251. A nova catacumba – Conan Doyle
252. O Dr. Negro – Sir Arthur Conan Doyle
253. Os voluntários – Moacyr Scliar
254. A bela adormecida – Irmãos Grimm
255. O príncipe sapo – Irmãos Grimm
256. Confissões e Memórias – H. Heine
257. Viva o Alegrete – Sergio Faraco
258. Vou estar esperando – R. Chandler
259. A senhora Beate e seu filho – Schnitzler
260. O ovo apunhalado – Caio Fernando Abreu
261. O ciclo das águas – Moacyr Scliar
262. Millôr Definitivo – Millôr Fernandes
264. Viagem ao centro da terra – Júlio Verne
265. A dama do lago – Raymond Chandler
266. Caninos brancos – Jack London
267. O médico e o monstro – R. L. Stevenson
268. A tempestade – William Shakespeare
269. Assassinatos na rua Morgue – E. Allan Poe
270. 99 corruíras nanicas – Dalton Trevisan
271. Broquéis – Cruz e Sousa
272. Mês de cães danados – Moacyr Scliar
273. Anarquistas – vol. 1 – A idéia – G. Woodcock
274. Anarquistas – vol. 2 – O movimento – G. Woodcock
275. Pai e filho, filho e pai – Moacyr Scliar
276. As aventuras de Tom Sawyer – Mark Twain
277. Muito barulho por nada – W. Shakespeare
278. Elogio à Loucura – Erasmo
279. Autobiografia de Alice B. Toklas – G. Stein
280. O chamado da floresta – J. London
281. Uma agulha para o diabo – Ruth Rendell
282. Verdes vales do fim do mundo – A. Bivar
283. Ovelhas negras – Caio Fernando Abreu
284. O fantasma de Canterville – O. Wilde
285. Receitas do Yayá Ribeiro – Celia Ribeiro
286. A galinha degolada – H. Quiroga
287. O último adeus de Sherlock Holmes – A. Conan Doyle
288. A. Gourmet em Histórias de cama & mesa – J. A. Pinheiro Machado
289. Topless – Martha Medeiros
290. Mais receitas do Anonymus Gourmet – J. A. Pinheiro Machado
291. Origens do discurso democrático – D. Schüler
292. Humor politicamente incorreto – Nani
293. O teatro do bem e do mal – E. Galeano
294. Garibaldi & Manoela – J. Guimarães
295. 10 dias que abalaram o mundo – John Reed
296. Numa fria – Charles Bukowski
297. Poesia de Florbela Espanca vol. 1
298. Poesia de Florbela Espanca vol. 2
299. Escreva certo – É. Oliveira e M. E. Bernd
300. O vermelho e o negro – Stendhal
301. Ecce homo – Friedrich Nietzsche
302. Comer bem, sem culpa – Dr. Fernando Lucchese, A. Gourmet e Iotti
303. O livro de Cesário Verde – Cesário Verde
304. O reino das cebolas – C. Moscovich
305. 100 receitas de macarrão – S. Lancellotti
306. 160 receitas de molhos – S. Lancellotti
307. 100 receitas light – H. e Â. Tonetto
308. 100 receitas de sobremesas – Celia Ribeiro
309. Mais de 100 dicas de churrasco – Leon Diziekaniak
310. 100 receitas de acompanhamentos – C. Cabeda
311. Honra ou vendetta – S. Lancellotti
312. A alma do homem sob o socialismo – Oscar Wilde
313. Tudo sobre Yôga – Mestre De Rose
314. Os varões assinalados – Tabajara Ruas
315. Édipo em Colono – Sófocles
316. Lisístrata – Aristófanes/ trad. Millôr
317. Sonhos de Bunker Hill – John Fante
318. Os deuses de Raquel – Moacyr Scliar
319. O colosso de Marússia – Henry Miller
320. As eruditas – Molière/ trad. Millôr
321. Radicci 1 – Iotti
322. Os Sete contra Tebas – Ésquilo
323. Brasil Terra à Vista – Eduardo Bueno
324. Radicci 2 – Iotti
325. Júlio César – William Shakespeare
326. A carta de Pero Vaz de Caminha
327. Cozinha Clássica – Sílvio Lancellotti
328. Madame Bovary – Gustave Flaubert
329. Dicionário do viajante insólito – M. Sclíar
330. O capitão saiu para o almoço... – Bukowski
331. A carta roubada – Edgar Allan Poe
332. É tarde para saber – Josué Guimarães
333. O livro de bolso da Astrologia – Maggy Harrissonx e Mellina Li
334. 1933 foi um ano ruim – John Fante
335. 100 receitas de arroz – Aninha Comas
336. Guia prático do Português correto – vol. 1 – Cláudio Moreno
337. Bartleby, o escriturário – H. Melville
338. Enterrem meu coração na curva do rio – Dee Brown

339. Um conto de Natal – Charles Dickens
340. Cozinha sem segredos – J. A. P. Machado
341. A dama das Camélias – A. Dumas Filho
342. Alimentação saudável – H. e Â. Tonetto
343. Continhos galantes – Dalton Trevisan
344. A Divina Comédia – Dante Alighieri
345. A Dupla Sertanojo – Santiago
346. Cavalos do amanhecer – Mario Arregui
347. Biografia de Vincent van Gogh por sua cunhada – Jo van Gogh-Bonger
348. Radicci 3 – Iotti
349. Nada de novo no front – E. M. Remarque
350. A hora dos assassinos – Henry Miller
351. Flush - Memórias de um cão – Virginia Woolf
352. A guerra no Bom Fim – M. Scliar
353(1). O caso Saint-Fiacre – Simenon
354(2). Morte na alta sociedade – Simenon
355(3). O cão amarelo – Simenon
356(4). Maigret e o homem do banco – Simenon
357. As uvas e o vento – Pablo Neruda
358. On the road – Jack Kerouac
359. O coração amarelo – Pablo Neruda
360. Livro das perguntas – Pablo Neruda
361. Noite de Reis – William Shakespeare
362. Manual de Ecologia – vol.1 – J. Lutzenberger
363. O mais longo dos dias – Cornelius Ryan
364. Foi bom prá você? – Nani
365. Crepusculário – Pablo Neruda
366. A comédia dos erros – Shakespeare
367(5). A primeira investigação de Maigret – Simenon
368(6). As férias de Maigret – Simenon
369. Mate-me por favor (vol.1) – L. McNeil
370. Mate-me por favor (vol.2) – L. McNeil
371. Carta ao pai – Kafka
372. Os Vagabundos iluminados – J. Kerouac
373(7). O enforcado – Simenon
374(8). A fúria de Maigret – Simenon
375. Vargas, uma biografia política – H. Silva
376. Poesia reunida (vol.1) – A. R. de Sant'Anna
377. Poesia reunida (vol.2) – A. R. de Sant'Anna
378. Alice no país do espelho – Lewis Carroll
379. Residência na Terra 1 – Pablo Neruda
380. Residência na Terra 2 – Pablo Neruda
381. Terceira Residência – Pablo Neruda
382. O delírio amoroso – Bocage
383. Futebol ao sol e à sombra – E. Galeano
384(9). O porto das brumas – Simenon
385(10). Maigret e seu morto – Simenon
386. Radicci 4 – Iotti
387. Boas maneiras & sucesso nos negócios – Celia Ribeiro
388. Uma história Farroupilha – M. Scliar
389. Na mesa ninguém envelhece – J. A. P. Machado
390. 200 receitas inéditas do Anonymous Gourmet – J. A. Pinheiro Machado
391. Guia prático do Portugês correto – vol.2 – Cláudio Moreno
392. Breviário das terras do Brasil – Luis A. de Assis Brasil
393. Cantos Cerimoniais – Pablo Neruda
394. Jardim de Inverno – Pablo Neruda
395. Antonio e Cleópatra – William Shakespeare
396. Tróia – Cláudio Moreno
397. Meu tio matou um cara – Jorge Furtado
398. O anatomista – Federico Andahazi
399. As viagens de Gulliver – Jonathan Swift
400. Dom Quixote - v.1 – Miguel de Cervantes
401. Dom Quixote - v.2 – Miguel de Cervantes
402. Sozinho no Pólo Norte – Thomas Brandolin
403. Matadouro Cinco – Kurt Vonnegut
404. Delta de Vênus – Anaïs Nin
405. Hagar 2 – Dick Browne
406. É grave Doutor? – Nani
407. Orai pornô – Nani
408(11). Maigret em Nova York – Simenon
409(12). O assassino sem rosto – Simenon
410(13). O mistério das jóias roubadas – Simenon
411. A irmãzinha – Raymond Chandler
412. Três contos – Gustave Flaubert
413. De ratos e homens – John Steinbeck
414. Lazarilho de Tormes
415. Triângulo das águas – Caio Fernando Abreu
416. 100 receitas de carnes – Sílvio Lancellotti
417. Histórias de robôs: volume 1 – Isaac Asimov
418. Histórias de robôs: volume 2 – Isaac Asimov
419. Histórias de robôs: volume 3 – Isaac Asimov
420. O país dos centauros – Tabajara Ruas
421. A república de Anita – Tabajara Ruas
422. A carga dos lanceiros – Tabajara Ruas
423. Um amigo de Kafka – Isaac Singer
424. As alegres matronas de Windsor – Shakespeare
425. Amor e exílio – Isaac Bashevis Singer
426. Use & abuse do seu signo – Marília Fiorillo e Marylou Simonsen
427. Pigmaleão – Bernard Shaw
428. As fenícias – Eurípides
429. Everest – Thomaz Brandolin
430. A arte de furtar – Anônimo do séc. XVI
431. Billy Bud – Herman Melville
432. A rosa separada – Pablo Neruda
433. Elegia – Pablo Neruda
434. A garota de Cassidy – David Goodis
435. Como fazer a guerra: máximas de Napoleão
436. Poemas de Emily Dickinson
437. Gracias por el fuego – Mario Benedetti
438. O sofá – Crébillon Fils
439. O "Martín Fierro" – Jorge Luis Borges
440. Trabalhos de amor perdidos – W. Shakespeare
441. O melhor de Hagar 3 – Dik Browne
442. Os Maias (volume1) – Eça de Queiroz
443. Os Maias (volume2) – Eça de Queiroz
444. Anti-Justine – Restif de La Bretonne
445. Juventude – Joseph Conrad
446. Singularidades de uma rapariga loura – Eça de Queiroz
447. Janela para a morte – Raymond Chandler
448. Um amor de Swann – Marcel Proust

449. **À paz perpétua** – Immanuel Kant
450. **A conquista do México** – Hernan Cortez
451. **Defeitos escolhidos e 2000** – Pablo Neruda
452. **O casamento do céu e do inferno** – William Blake
453. **A primeira viagem ao redor do mundo** – Antonio Pigafetta
454. (14). **Uma sombra na janela** – Simenon
455. (15). **A noite da encruzilhada** – Simenon
456. (16). **A velha senhora** – Simenon
457. **Sartre** – Annie Cohen-Solal
458. **Discurso do método** – René Descartes
459. **Garfield em grande forma** – Jim Davis
460. **Garfield está de dieta** – Jim Davis
461. **O livro das feras** – Patricia Highsmith
462. **Viajante solitário** – Jack Kerouac
463. **Auto da barca do inferno** – Gil Vicente
464. **O livro vermelho dos pensamentos de Millôr** – Millôr Fernandes
465. **O livro dos abraços** – Eduardo Galeano
466. **Voltaremos!** – José Antonio Pinheiro Machado
467. **Rango** – Edgar Vasques
468. **Dieta Mediterrânea** – Dr. Fernando Lucchese e José Antonio Pinheiro Machado
469. **Radicci 5** – Iotti
470. **Pequenos pássaros** – Anaïs Nin
471. **Guia prático do Português correto – vol.3** – Cláudio Moreno
472. **Atire no Pianista** – David Goodis
473. **Antologia Poética** – García Lorca
474. **Alexandre e César** – Plutarco
475. **Uma espiã na casa do amor** – Anaïs Nin
476. **A gorda do Tiki Bar** – Dalton Trevisan
477. **Garfield um gato de peso** – Jim Davis
478. **Canibais** – David Coimbra
479. **A arte de escrever** – Arthur Schopenhauer
480. **Pinóquio** – Carlo Collodi
481. **Misto-quente** – Charles Bukowski
482. **A lua na sarjeta** – David Goodis
483. **Recruta Zero** – Mort Walker
484. **Aline 2: TPM – tensão pré-monstrual** – Adão Iturrusgarai
485. **Sermões do Padre Antonio Vieira**
486. **Garfield numa boa** – Jim Davis
487. **Mensagem** – Fernando Pessoa
488. **Vendetta** seguido de A paz conjugal – Balzac
489. **Poemas de Alberto Caeiro** – Fernando Pessoa
490. **Ferragus** – Honoré de Balzac
491. **A duquesa de Langeais** – Honoré de Balzac
492. **A menina dos olhos de ouro** – Honoré de Balzac
493. **O lírio do vale** – Honoré de Balzac
494. **A barcaça da morte** – Simenon
495. **As testemunhas rebeldes** – Simenon
496. **Um engano de Maigret** – Simenon
497. **A noite das bruxas** – Agatha Christie
498. **Um passe de mágica** – Agatha Christie
499. **Nêmesis** – Agatha Christie

Coleção L&PM POCKET / SAÚDE

1. **Pílulas para viver melhor** – Dr. Lucchese
2. **Pílulas para prolongar a juventude** – Dr. Lucchese
3. **Desembarcando o Diabetes** – Dr. Lucchese
4. **Desembarcando o Sedentarismo** – Dr. Fernando Lucchese e Cláudio Castro
5. **Desembarcando a Hipertensão** – Dr. Lucchese
6. **Desembarcando o Colesterol** – Dr. Fernando Lucchese e Fernanda Lucchese

IMPRESSÃO:

Pallotti
GRÁFICA EDITORA
IMAGEM DE QUALIDADE

Santa Maria - RS - Fone/Fax: (55) 3220.4500
www.pallotti.com.br
com filmes fornecidos